Afrikas Süden

Südafrika | Namibia | Botswana | Sambia / Simbabwe

Fotografinnen und Fotografen
Dagmar Beutelmeyer
Waltraud Bonrath
Anja und Heiko Denker
Nadine Haase
Thomas und Marius Herrmann
Claus-Dieter Langer
Harald Lydorf
Stephan Rech
Norman Schäfer
Peter Scheufler
Thomas Weinhold
Dr. Markus Wenke und Conny Teucher
Johann S. Werkstetter
Britta Wulfekammer

Autoren
Stephan Martin Meyer
Andreas Klotz

TiPP 4

IMPRESSUM

Afrikas Süden · Südafrika, Namibia, Botswana, Sambia/Simbabwe
1. Auflage, Dezember 2010

Idee und Konzeption: Michael Matschuck und Andreas Klotz
Text: Stephan Martin Meyer, Andreas Klotz, Harald Lydorf
Layout und Karten: Michael Hildebrand
Fotos: Alle Fotos wurden von Dagmar Beutelmeyer, Waltraud Bonrath, Anja und Heiko Denker, Nadine Haase, Thomas und Marius Herrmann, Claus-Dieter Langer, Harald Lydorf, Stephan Rech, Norman Schäfer, Peter Scheufler, Thomas Weinhold, Dr. Markus Wenke und Conny Teucher, Johann S. Werkstetter und Britta Wulfekammer im südlichen Afrika aufgenommen.
Die Vitas aller Fotografinnen und Fotografen sowie detaillierte Bildnachweise sind dargestellt auf den Seiten 191 bis 197.
Druck: druckpartner Druck- und Medienhaus GmbH, Essen; www.druck-partner.de
Papier: Hello Silk 170 g/m^2 von sappi
Herausgeber: Fotografeneditionen.de, c/o TiPP 4 GmbH, Andreas Klotz, Marie-Curie-Straße 15, 53359 Rheinbach, Tel. 02226 911799; www.fotografeneditionen.de; www.tipp4.de

ISBN 978-3-9812944-1-5

www.bluegreenprint.de

Gedruckt mit BlueGreenPrint
Jedes Druckerzeugnis mit dem bluegreenprint-Label ist klimaneutral produziert.
Hierbei kommen alkoholreduziertes Drucken, Ökostrom und Wärmerückkopplung zum Einsatz.
Die verbleibenden CO_2-Emissionen werden in vielschichtigen Klimaprojekten kompensiert.
Der bei bluegreenprint eingesetzte Rohstoff für das bedruckte Papier stammt aus nachhaltig und vorbildlich bewirtschafteten Forst- und Waldwirtschaften.
Bluegreenprint ist nicht nur klimaneutraler Druck, sondern Engagement für Natur, Klima und Gesellschaft.
Bluegreenprint fördert weltweit wichtige ökologisch-soziale Projekte.

„Wer im Traum den Sand der Wüste schmeckt,
auf dessen Seele liegt ein Hauch von Afrika.“

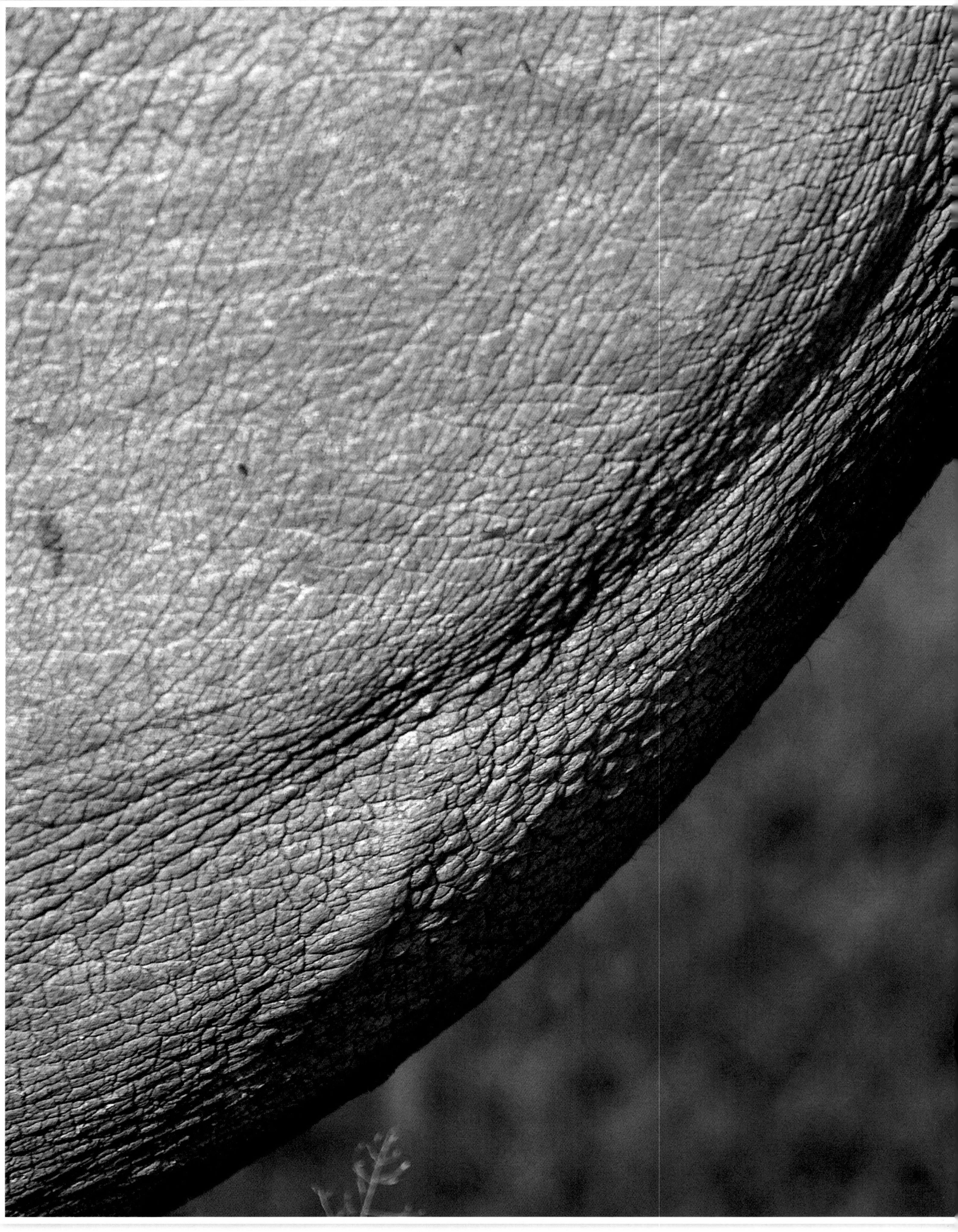

Andreas Klotz
TiPP 4 GmbH

Liebe Leserinnen und Leser, liebe Afrika-Interessierte.

In diesem, gerade vor Ihnen liegenden, Fotobildband „Afrikas Süden“ – dem Ersten aus unserer neuen Fotografeneditionen-Reihe – finden Sie Bilder von 17 verschiedenen Fotografinnen und Fotografen. Manche kannten sich schon vorher, die meisten kannten sich nicht. Niemand davon verdient seinen Lebensunterhalt damit, aber alle (so wie uns beide auch) verbindet die Liebe zu den mehr oder weniger intensiv ausgeübten „Hobbys“ Fotografie und Reisen. Der jüngste Fotograf ist erst 13 Jahre alt, eine Fotografin wurde bereits 1936 geboren (rechnen Sie selbst ...).

Alle Aufnahmen in diesem Buch sind auf „ganz normal buchbaren“ oder individuell durchgeführten Reisen durch die Länder des südlichen Afrikas entstanden. Sie werden sehen, jeder kann – mit viel Freude, Begeisterung, Herzblut und manchmal auch ein bisschen Glück – sehr gute Fotos machen, die eine Veröffentlichung rechtfertigen, egal mit welcher Ausrüstung. Manche Bilder sind mit neuesten Digitalkameras erst vor kurzem entstanden, manche wurden noch analog auf Diafilm fotografiert und warteten jahrelang im Archiv auf ihre Veröffentlichung. Einige der Fotografinnen und Fotografen waren nur ein einziges Mal in nur einem der Länder, andere zieht es regelmäßig an die verschiedendsten Stellen dieser Region, manche lebten zeitweise oder leben heute noch dort.

Wir möchten Ihnen Land & Leute, Sehenswertes und vor allem Wildtiere aus Südafrika, Namibia, Botswana, Sambia und Simbabwe so zeigen, wie Sie es vielleicht auch selbst einmal zu sehen bekommen können. Allein schon deshalb kann und soll dieser Fotobildband keinen Anspruch auf Vollständigkeit oder Einzigartigkeit erheben. Es gibt Regionen, Nationalparks, Landschaften, Pflanzen, Menschen oder Tierarten, die hier nicht vertreten sind. Das macht aber nichts – auf einer Rundreise kommt man nun mal nicht an jeden Ort zu jeder Tageszeit (bei bestem Fotolicht) vorbei, oder kann eine bestimmte Stelle immer wieder besuchen. „Afrikas Süden“ ist kein Werk von Profis, die sich mit einem Thema oder einer Tierart manchmal jahrelang auseinandersetzen. Umso erstaunlicher die vorliegenden Ergebnisse – wir glauben, dass die Bilder für sich sprechen.

Auf den insgesamt 208 Seiten dieses Fotobildbands finden Sie aber nicht nur viele schöne und beeindruckende Fotos. Zu jedem Kapitel bzw. zu jedem der Länder haben wir für Sie informative Texte zusammengestellt. So erfahren Sie zusätzlich auch noch viel Wissenswertes, beispielsweise über Geschichte, Politik, Naturbesonderheiten und die Menschen, die dort leben. Diese Informationen ergänzen die Bilder und werden Ihnen ein solides Basiswissen über das südliche Afrika vermitteln.

Was ist nun das Besondere an den Fotografeneditionen? Wir und alle Beteiligten verstehen uns als Teil eines Teams. Jeder trägt zum Gelingen bei, was er am besten kann. Die Fotografinnen und Fotografen haben uns nicht nur Ihre Bilder zur Verfügung gestellt, sondern anteilig auch die notwendigen Produktionskosten finanziert. Wir (Agentur und Druckerei) haben unsere langjährige Erfahrung, Engagement, Herzblut und sehr viel Zeit investiert, die Texte recherchiert und geschrieben, Layout, Satzarbeiten und den hochwertigen Druck realisiert. Die Auswahl der Bilder ist uns nicht immer leicht gefallen. Etwa 3.500 Fotos erreichten uns zum Thema, davon sind nun genau 271 in diesem Buch veröffentlicht worden. Der Löwenanteil des Umsatzes fließt wieder an die Fotografinnen und Fotografen zurück – anders als bei „normalen Verlagen“ üblich. UND: mit dem Kauf dieses Buches unterstützen Sie ein Geparden-Schutzprojekt der AGA (Aktionsgemeinschaft Artenschutz e.V.) in Namibia. Mehr dazu erfahren Sie auf den Seiten 202 und 203. Vielleicht möchten Sie ja noch ein Exemplar verschenken oder es jemand anderem weiterempfehlen? Wir würden uns sehr freuen, wenn Ihnen „Afrikas Süden“ gefällt.

Michael Matschuck
druckpartner

Sie fotografieren selbst? Sie können sich vorstellen, ebenfalls Bilder in einem solchen Fotobildband zu veröffentlichen? Es sind noch weitere Fotografeneditionen geplant und wir sind über Anregungen zu möglichen Themen dankbar. Lesen Sie mehr dazu auf Seite 200 oder im Internet unter www.fotografeneditionen.de – eine Plattform für ambitionierte (Hobby)Fotografen, die ihre Bilder veröffentlicht sehen möchten.

Wir wünschen Ihnen jetzt viel Spaß beim „schmökern“. Tauchen Sie ein in „Afrikas Süden“ ...

Andreas Klotz und Michael Matschuck
im November 2010

Roland Melisch
Leiter des internationalen Programms von TRAFFIC, dem gemeinsamen Artenschutzprogramm der Weltnaturschutzunion IUCN und WWF, verantwortlich für das Afrika- und Europaprogramm. Mitglied des Beirats der Stiftung Artenschutz und Mitglied des Beirats Artenschutz beim Bundesministerium für Umwelt, Naturschutz und Reaktorsicherheit.

Qualität ist im Naturschutz leider ein selten erwähnter Begriff. Doch wenn es in Afrika um die Qualität des Schutzes der wild lebenden Tier- und Pflanzenwelt, ihres Lebensraums und der nachhaltigen Nutzung der natürlichen Wildnis geht, dann findet man die herausragenden Modelle vor allem im Süden des afrikanischen Kontinents. Dabei gab es lange Zeit erhebliche Zweifel, ob manche der Länder je einen hohen Naturschutz-Standard erreichen werden.

Lassen Sie mich das am Beispiel Namibias ausführen, eines Landes, das für mich in Bezug auf den Naturschutz ein Erfolgsmodell darstellt: Namibia war das erste afrikanische Land, das Natur- und Umweltschutz in seine Verfassung aufnahm. Außerdem hat die Regierung Namibias stetig die Rolle lokaler und indigener Einwohner im Naturschutz unterstützt und ihnen und ihren Gemeinden die Verantwortung über die Nutzung der wild lebenden Ressourcen übertragen. Gleichzeitig wurden auch die Rolle und die Befugnisse – und damit die Mitverantwortung – vor allem der ländlichen Bevölkerung bei der Verwaltung kommunaler Naturschutzgebiete verstärkt.

Vor der Unabhängigkeit Namibias waren Waffen leicht erhältlich. Als Konsequenz daraus hatten Wildtierbestände neben schweren Dürren auch unter den Folgen ausgedehnter militärischer Operationen und umfangreicher Wilderei zu leiden. Als Antwort auf diese Herausforderungen führte Namibia Mitte der 1980er-Jahre ein innovatives Programm zur Integration von ländlicher Entwicklung und Naturschutz *Integrated Rural Development and Nature Conservation* (IRDNC) ein. Das Programm hatte drei Ziele: Erstens, die Bevölkerung als treibende Kraft für den Erhalt der Naturräume und der Wildtiere zu gewinnen, zweitens, die Gemeinden verantwortlich in das Management und die Verwaltung natürlicher Ressourcen einzubinden und letztlich auch die eingebundene Bevölkerung als Botschafter für die Vorteile des integrierten Naturschutzes und der Entwicklung im eigenen Land zu gewinnen.

Nach der Unabhängigkeit Namibias im Jahre 1990 begann Namibia mit Unterstützung von Naturschutzorganisationen die Bemühungen des IRDNC in kommunale Schutzgebiete, sogenannte *Conservancies* umzuwandeln. Seit 1998 hat die *Conservancy*-Bewegung über die Einbindung von über 220.000 Gemeindemitglieder 52 kommunale *Conservancies* errichtet, und damit über 30 Millionen Hektar wichtigsten Lebensraums für Wildtiere geschaffen. Als Ergebnis ist die Wilderei stark rückläufig, und die Wildbestände so bekannter charismatischer Tierarten wie Löwen, Geparden, Nashörnern und Zebras wurden wiederhergestellt. Vielleicht viel wichtiger: Auch die Lebensgrundlage der Menschen in Namibia wurde verbessert, denn die Gesamtheit aller *Conservancies* Namibias erwirtschaftet zur Zeit fast 4 Millionen Dollar pro Jahr – wichtige finanzielle Mittel, welche die Gemeinden für prioritäre Entwicklungs- und Naturschutzvorhaben einsetzen.

Doch auch bei den weniger bekannten Arten nimmt Namibia eine progressive Führungsfunktion auf dem afrikanischen Kontinent ein: Namibia war eines der ersten Länder Afrikas, das einen Erhaltungsplan für Haie entwickelte. Und auch besonders wertvolle Heilpflanzen, wie die afrikanische Teufelskralle, die aus unserer „Apotheke Natur" nicht mehr wegzudenken sind, erfahren in Namibia besondere Aufmerksamkeit.

Was können wir alle dazu beitragen? Nun, selbst aus dem fernen Europa kann man den Naturschutz im südlichen Afrika unterstützen, zum Beispiel über die Aktionsgemeinschaft Artenschutz (AGA) e.V., die sich in Namibia für den Schutz der Geparde einsetzt. Ich hoffe natürlich auch, dass sich über die Lektüre dieses bemerkenswerten und wunderbar bereiteten Fotobildbandes weitere begeisterte Unterstützer des Naturschutzgedankens im südlichen Afrika finden. Ich bin wirklich beeindruckt von den faszinierenden Bildern, die in den Ländern von Afrikas Süden aufgenommen wurden. Sie beweisen nicht nur das Können der jeweiligen Fotografen, sondern belegen auch, welch schönen und faszinierenden Naturreichtum diese Länder zu bieten haben. Und ich freue mich sehr, dass bereits der Kauf dieses schönen Bildbandes zum Schutz bedrohter Geparden in Namibia beiträgt. Ein rundherum gelungenes und empfehlenswertes Buch!

Roland Melisch

SÜDA

Das Land der großen Gegensätze

FRIKA

Südafrika ist ein multikulturelles Land, das wegen seiner ethnischen, landschaftlichen, sprachlichen und kulturellen Vielfalt auch als Regenbogennation bezeichnet wird. Hier treffen so viele gesellschaftliche Strömungen aufeinander, die Geschichte ist so wechselhaft, dass in einer Zusammenfassung auf wenigen Seiten nicht die gesamte Vielfältigkeit darstellbar ist. Lassen Sie sich überraschen, was es im Süden des südlichen Afrika alles zu entdecken gibt.

Südafrika ist der südlichste Staat des afrikanischen Kontinents. Er ist auf drei Seiten von Wasser umgeben: auf einer Küstenlänge von mehr als 2.500 Kilometern umspülen sowohl der Atlantik als auch der Indische Ozean das Land. Dort, wo die beiden Ozeane aufeinandertreffen, an der südlichsten Spitze des Staates, liegt nicht etwa das „Kap der guten Hoffnung" – wie man vielleicht erwartet – sondern das „Kap Agulhas". Es existieren zwei Theorien, woher diese portugiesische Bezeichnung für „Nadelkap" ursprünglich stammt: Der einen zufolge wurde der Name dem Kap vermutlich wegen seiner spitzen Felsen gegeben, nach der anderen haben portugiesische Seefahrer an diesem Ort festgestellt, dass ihre Kompassnadeln ohne Abweichung genau nach Norden zeigten.

Das sehr viel bekanntere „Kap der guten Hoffnung" liegt etwa 150 Kilometer weiter nordwestlich und bekam seinen Namen wohl, weil es auf den gefährlichen Seereisen nach Asien in der frühen Neuzeit die Nähe der südlichsten Spitze Afrikas ankündigte und die Umrundung des afrikanischen Kontinents damit beinahe geschafft war. Eine andere Erzählung geht davon aus, dass dieser Name von der grundsätzlichen Entdeckung des Seeweges nach Indien herrührt.

Im Norden grenzt Südafrika an Namibia, Botswana, Simbabwe, Swasiland und Mosambik. Das Königreich Lesotho ist als Enklave vollständig von Südafrika eingeschlossen. Die Nachbarschaft war nicht immer freundschaftlich, weil die Staaten im südlichen Afrika sehr unterschiedliche historische Hintergründe haben, die von Kolonialismus und Fremdbestimmung geprägt sind. Heute ist Südafrika als demokratischer Staat weltweit anerkannt und geachtet und zugleich ist es die stabilste Demokratie in dieser Region.

Die Hauptstadt des 1.220.000 km^2 großen Landes, das damit etwa 3,4-mal so groß ist wie Deutschland, ist Pretoria. Doch nur die Exekutive und der Regierungssitz befinden sich in dieser Stadt mit ungefähr einer Million Einwohnern. Die Legislative hat ihren Sitz in Kapstadt und die Judikative in Bloemfontein. 50 Millionen Menschen leben heute in Südafrika, etwa 60 Prozent von ihnen in einer der zahlreichen Großstädte.

Eine freundliche Zulu-Frau in der Nähe von Bergville, nördlich der Drakensberge.

Die Apartheid und ein Friedensnobelpreis

Traurige Bekanntheit erlangte Südafrika durch seine bis 1990 herrschende restriktive Politik der Apartheid. 1948 wurde diese Rassentrennung institutionalisiert, wodurch die weiße Bevölkerungsminderheit erheblich mehr Rechte als die schwarze Bevölkerungsmehrheit hatte. Freie Wahlen wurden erst unter dem gemäßigten Präsidenten Frederik Willem de Klerk im Jahr 1994 möglich, die der ein paar Jahre zuvor aus seiner 27-jährigen Haft entlassene Nelson Mandela mit überwältigender Mehrheit gewann. Bereits im Jahr zuvor wurden de Klerk und Mandela für ihre gemeinsamen Bemühungen, den Weg der Apartheid zu verlassen, mit dem Friedensnobelpreis geehrt. Gemeinsam erarbeiteten die beiden eine neue demokratische Verfassung, die in den oben erwähnten Wahlen gipfelte und die sich zu einer der fortschrittlichsten Verfassungen weltweit entwickelte.

HIV und Aids werden zum größten Problem

Eine der akutesten Herausforderungen Südafrikas ist die hohe HIV-Infektionsrate in der Bevölkerung, aktuellen Schätzungen zufolge sind mehr als 20 % der Menschen im Alter zwischen 15 und 49 Jahren mit dem Virus infiziert. Über fünf Millionen Menschen tragen das Virus in sich und machen Südafrika damit zu einem der Länder mit der höchsten Infektionsrate weltweit. Nur Botswana und die kleinen Staaten Swasiland und Lesotho haben prozentual betrachtet mehr HIV-Infizierte. Aber auch die anderen in dieser Fotografenedition gezeigten Länder – Namibia, Sambia und Simbabwe – leiden unter der mit rasender Geschwindigkeit um sich greifenden Krankheit. Schlechte oder gar fehlende Aufklärung, hohe Kosten für Kondome und HIV-Tests, Prostitution und sexuelle Gewalt gegen Frauen – und nicht zuletzt die Tabuisierung des Themas werden als Gründe für die schnelle Ausbreitung der Krankheit im südlichen Afrika angenommen.

Der Beginn eines Erfolgmodells

Das südliche Afrika spielt in der Menschheitsgeschichte eine bedeutende Rolle, denn wenn man von einer Region auf der Welt sagen kann, dass sie schon immer von Menschen besiedelt war, dann trifft dies auf diesen Erdteil zu. Auf dem Gebiet des heutigen Südafrika wurden Knochen gefunden, die auf

Der Anführer einer San-Gruppe in der Beratungsrunde.

eine bis drei Millionen Jahre zurückdatiert werden und somit sogar älter als die Funde in Ostafrika wären. Die steinzeitlichen Völker der San und der Khoi Khoi, die noch heute in Botswana und Namibia leben, gehörten wohl zu den ersten Menschen, die hier siedelten.

Von Afrikas Süden aus breitete sich das Erfolgsmodell „Homo Sapiens" über den ganzen blauen Planeten aus und verdrängte seine Verwandten, die zum Teil schon die anderen Kontinente besetzten. So erging es zum Beispiel dem Neandertaler, dessen Vorfahren auch dereinst aus Afrika abgewandert waren.

Erste Umrundung des afrikanischen Kontinents

Viele Jahrtausende später kamen die Nachfahren der abgewanderten Afrikaner, die sich unter anderem in Europa niedergelassen hatten, zurück und sie brachten dem afrikanischen Kontinent für sehr lange Zeit Leid und Elend. Es gibt mehrere Theorien, wer die Südspitze Afrikas zuerst umschiffte. Der ägyptische Pharao Necho soll schon in der Antike Schiffe vom Roten Meer ausgesandt haben, die nach der Umrundung des gesamten afrikanischen Kontinents über die Straße von Gibraltar und das Mittelmeer nach Ägypten zurückkehrten. Ähnliche Fahrten werden den Karthagern, den Arabern, den Venezianer und Genuesern und schließlich den Indonesiern zugeschrieben.

Doch die ersten Europäer, die südafrikanischen Boden betraten, waren schließlich die Portugiesen. In der Hoffnung, einen Seeweg nach Indien zu finden, unternahmen sie im 15. Jahrhundert die ersten Erkundungsfahrten, die sie immer weiter nach Süden vordringen ließen. Diego Cao erreichte als erster die heutige namibische Küste, Bartolomeu Diaz stieß noch weiter gen Süden vor, doch erst Vasco da Gama umrundete 1497/99 den südlichsten Punkt Afrikas.

Niederländische Siedler und britisches Kolonialdenken

Eher durch einen Zufall landeten die ersten Niederländer 1647 in dieser Gegend: Nachdem ihr Schiff auf Grund gelaufen war, errichteten die Schiffbrüchigen eine kleine Festung am Fuß des Tafelberges. Diese war der Grundstein für eine dauerhafte Versorgungsstation auf dem Weg von Holland nach Indien. In der zweiten Hälfte des 17. Jahrhunderts entwickelte sich die kleine Station zu einer richtigen Siedlungskolonie, aus der ab 1700 immer mehr Menschen ins Inland abwanderten, um größere Weideflächen für ihr Vieh abzustecken. Diese „Bauern" (Holländer, Deutsche, Franzosen) wurden später nach dem niederländischen Begriff „Buren" genannt. 1795 übernahmen die Briten die Macht in den internationalen Gewässern und damit fanden die gerade ausgerufenen ersten Burenrepubliken ein schnelles Ende.

1806 besetzten die Briten die Kapkolonie endgültig und verboten 1807 den Sklavenhandel auf britischen Schiffen. Kurz darauf wurden die Nama, das hier ansässige Volk, zu britischen Untertanen erklärt und in den 1820er-Jahren wurden sie durch die „Magna Charta der Hottentotten" rechtlich der weißen Bevölkerung gleichgestellt. Doch erst 1834 wurde die Sklaverei am Kap selber per Gesetz aufge-

Silhouette eines abgestorbenen Baumes vor einem traumhaften Sonnenuntergang im Kruger Nationalpark.

Ein Leopard aus dem Leopard Breeding Project von Tshukudu, der gerade nach seiner „Beute" Ausschau hält.

hoben. Das führte allerdings sofort zu Konflikten mit den Buren, für die eine Gleichstellung mit den Sklaven nicht vorstellbar war.

Als nun auch noch immer mehr britische Staatsbürger vor der Armut in ihrer Heimat ins südliche Afrika flohen, hatte dies eine massenhafte Abwanderung der Buren aus der Kolonie in den Norden und Nordosten zu Folge. Diese als der „Große Trek“ bezeichnete Massenauswanderung fand erst Mitte der 1850er-Jahre ein Ende. Die damals von den Buren abgesteckten Ländereien definieren noch heute die Grenzen des Staates Südafrika.

In den darauf folgenden Jahren kam es ständig zu Auseinandersetzungen zwischen den Buren und der Urbevölkerung. Vor allem standen sich aber die Briten und die Buren mit gegensätzlichen Positionen gegenüber, die schließlich 1900 im Burenkrieg gipfelten. Nach Ihrem Sieg beschloss die britische Regierung den Zusammenschluss ihrer vier südafrikanischen Kolonien Natal, Transvaal, dem Oranje-Freistaat und der Kapkolonie zur Südafrikanischen Union. Mit

Schabrackenschakal in der Kalahari.

Neujahr am Muizenberg Beach: Die Menschen beginnen das neue Jahr am Strand und im Meer, das sie symbolisch von ihren Sünden reinwaschen soll.

Ein typischer Anblick: Zebras im Kruger Nationalpark.

Entspanntes Krokodil am Wasserloch.

Wirkung zum 31. Mai 1910 wurde diese Union zum Dominion und schließlich 1931 in die Unabhängigkeit entlassen.

Die Jahre kurz vor und nach der Unabhängigkeit waren geprägt von einer sich immer weiter zuspitzenden Rassentrennung. Den Schwarzen wurden nach und nach die Rechte aberkannt: Ab 1912 durften sie nur noch in bestimmten Reservaten Land erwerben, ab 1923 mussten sie in Ghettos leben, ab 1927 war jeder Geschlechtsverkehr zwischen unverheirateten Schwarzen und Weißen untersagt, 1936 wurde ihnen das Wahlrecht genommen, 1949 wurden gemischte Ehen verboten und 1950 wurde das gesamte Land in für einzelne Rassen bestimmte Gebiete eingeteilt.

Die ersten Jahre der Republik Südafrika

In den 1960er-Jahren kam es vermehrt zu Unruhen, die sich bis in die 1980er-Jahre hineinzogen. Besonders das Sharpville-Massaker, bei dem 69 demonstrierende Schwarze von der Polizei erschossen wurden, hatte einen deutlichen Schnitt in der Innenpolitik zur Folge. Mehrere schwarze Parteien wurden verboten. Aber daraus resultierte auch die Loslösung aus dem britischen Commonwealth und die Umwandlung in die Republik Südafrika. Durch den außenpolitischen Druck in den 1980er-Jahren wurde der Dialog zwischen Weißen und Schwarzen endlich angekurbelt, woraus sich schließlich die Aufhebung der Apartheid entwickelte.

Die Landschaft

Das als Highveld bezeichnete Zentralplateau Südafrikas liegt in einer Höhe von etwa 600 bis 2.000 Metern. Nach Norden fällt es leicht ab, zur Küste hin befindet sich die Groot Randkant, die große Randkante, ein 20 bis 250 Kilometer breiter Landgürtel. Die Drakensberge erstrecken sich vom Nordosten Südafrikas bis in den Südosten des Landes und durchqueren dabei das Königreich Lesotho, wo sich auch der Thabana Ntlenyana, als höchste Erhebung des Gebirges, befindet.

Im Nordwesten des Landes befindet sich ein Teil der Kalahari-Wüste, die sich bis Namibia, Botswana, Angola und Sambia erstreckt. Der rote Sand dieser Wüste ist weit über die afrikanischen Grenzen hinaus bekannt.

Ein weiteres riesiges Wüstengebiet ist die Karoo. Mit 500.000 Quadratkilometern, hauptsächlich in der Kap-Region gelegen, bedeckt sie etwa ein Drittel des Staatsgebietes von Südafrika.

Über 1.860 Kilometer durchfließt der Oranje, der längste Fluss Südafrikas, das Land. Er entspringt den Drakensbergen und mündet, im Gegensatz zu den meisten anderen Flüssen des Landes, nicht im Indischen Ozean, sondern im Atlantik.

Große klimatische Gegensätze

Das Klima Südafrikas hat viele Facetten. Die trockene Kalahari-Wüste im Nordwesten ist sehr dünn, zum Teil gar nicht besiedelt. Dünen- und Wüstengräser bestimmen das Landschaftsbild. Tagsüber liegen die Temperaturen meist über 30° C, nachts sinken sie nicht selten unter den Gefrierpunkt ab. Dennoch wachsen in dieser Region auch Akazien, die mit ihren tiefen Wurzeln an versteckte Wasseradern heranreichen. Das Landesinnere dominieren weite Graslandschaften mit niedrigen Sträuchern und auch hier wieder mächtige Akazien. Östlich der Kalahari-Wüste geht der Bewuchs nach und nach in eine Feuchtsavanne über, die eine deutlich größere Artenvielfalt beheimatet.

Die Grenzregion zu Mosambik und die Küstenstreifen im Osten sind hingegen subtropisch. Die hier ausgewiesenen Nationalparks wie der Kruger Nationalpark beherbergen eine Vielzahl an Pflanzen und Tieren, wie zum Beispiel die Big Five der Säugetiere: Löwen, Leoparden, Büffel, Elefanten und Nashörner. Sie sind es, die diese Landstriche zum beliebtesten Touristenziel des Landes gemacht haben. Aber auch Antilopen und Strauße, Flamingos und Zebras ziehen viele Besucher an, die auf zahlreichen Safaris die Savannen

Zulu-Frau beim traditionellen Korbflechten im UKhahlamba Drakensberg National Park der Drakensberge, KwaZulu-Natal.

Wasserfall im bis zu 800 m tiefen Blyde River Canyon, Mpumalanga.

Singhabicht, was ist vorne und was ist hinten?

erkunden. Den Tourismus hat Südafrika dringend nötig, da das Land mit einer Reihe von großen Problemen zu kämpfen hat.

Attraktionen für jeden Besuchertyp

So hat man sich von offizieller Seite für den Slogan „Eine Welt in einem Land“ als Botschaft entschieden. Damit wird Südafrika als kulturell und landschaftlich vielseitiges Land angepriesen: An den Küsten locken Badeorte und Sandstrände zum Sonnenbaden, Tauchen und Segeln. Im Inland kann man das ursprüngliche Afrika kennenlernen oder auf Safaris die faszinierenden Wildtiere der riesigen Parks hautnah erleben.

Schneebedeckte Berge findet man genauso wie unendlich weite Savannen, trockene Wüsten und Regenwälder. Golfbegeisterte stoßen hier auf weitläufige Golfplätze und Surfer werden ideale Bedingungen zum Wellenreiten vorfinden. Eine weitere Möglichkeit, das Land kennenzulernen, ist die Fahrt mit einem der nostalgischen Züge, die teilweise zu rollenden Luxushotels umgebaut wurden. Doch über allem steht immer wieder die Natur des Landes.

Rotschnabel-Toko.

Die Nationalblume Südafrikas, eine Königsprotea.

Der Wildhund „Dongo" ist ein Waisenkind – er kann leider nicht mehr ausgewildert werden.

Vielfalt auf kleinstem Raum

Die Kapflora (Kapensis) ist das kleinste der sechs weltweit existierenden Florenreiche. Sie wird durch einen Wüstengürtel von der weiter nördlich liegenden Flora Paleotropis getrennt. Besonders ist an dieser Konstellation, dass es in der Kapensis die meisten endemisch vorkommenden Pflanzenarten gibt. Bestimmte Pflanzen gibt es also nur in dieser 74.000 Quadratkilometer großen Region und sonst nirgendwo auf der Erde. So sind von den 9.000 hier wachsenden Blütenpflanzen 70 % endemisch. Bekannt sind von diesen vor allem die Silberbaumgewächse und Süßgräser, die Heidekrautgewächse und Orchideen, die Amarillisgewächse und Schwertlilien. Palmen sucht man in diesen Gefilden hingegen vergeblich. Wälder gehören insgesamt selten zum Landschaftsbild Südafrikas. Das liegt vor allem daran, dass sie bei der Besiedlung durch die Europäer weitgehend und nachhaltig abgeholzt wurden.

Paarl; das Basismaterial für einen guten Tropfen.

Südafrikanischer Wein erobert die Welt

Bereits seit über 300 Jahren wird in der Kapregion Wein angebaut. Die ersten Siedler entdeckten schnell, das sich das Klima hervorragend zum Anbau der schmackhaften Trauben eignete. Und so wurden bereits 1680 etwa 100.000 Rebstöcke in der Region um Constantia in die Erde gesetzt. In der Folge gehört Südafrika heute weltweit zur Spitze der Weinerzeuger. Drei Weinanbauregionen sind besonders erwähnenswert: Das Brede-River-Valley, in dem vor allem

Grüne Mamba.

trockene Weißweine produziert werden; die Boberg-Region mit ihrem Gewürztraminer und Riesling; und nicht zuletzt die Küstenregion, in der sowohl Rot- als auch Weißweine gekeltert werden.

Ein wichtiger Besuchermagnet ist die Weinregion um Stellenbosch, dem Zentrum des südafrikanischen Weinanbaus. Über eine Weinroute kann man die wichtigsten Weingüter nach und nach besuchen, die Weine verkosten und natürlich auch überall in den hauseigenen Restaurants exzellent essen.

Überwältigende Naturschutzgebiete

Weltweit bekannte Nationalparks fungieren neben ihrer Aufgabe, Flora und Fauna zu schützen, auch als Naherholungsgebiete für die einheimische Bevölkerung. Vor allem die überwältigende Artenvielfalt der Säugetiere und Vögel lockt jedes Jahr Tausende von Touristen in die Parks.

Die staatlichen Übernachtungscamps sind zumeist sehr einfach, dabei aber auch praktisch und preisgünstig. Oft schließen sich an die offiziellen Parks private Gelände an, auf denen in exklusiven Lodges ein luxuriöseres Ambiente mit einem Rundum-Sorglos-Paket geboten wird, das dann natürlich deutlich teurer ist. Die einzelnen Parks unterscheiden sich zum Teil erheblich in ihrer Lage, dem Tier- und

Breitmaulnashorn mit fehlendem Ohr.

Zebras im Kruger Nationalpark.

Pflanzenbestand und den klimatischen und landschaftlichen Gegebenheiten.

Im Osten, nahe der Grenze zu Namibia, liegt der relativ kleine Augrabies Falls Nationalpark entlang des Oranje-Ufers. In seinem Zentrum stürzt der Fluss beinahe 150 Meter in die Tiefe. Im Laufe der Zeit hat er sein Bett hier bis zu 260 Meter in den roten Granit gegraben. Aber der Oranje ist es auch, der in dieser Halbwüste überhaupt erst Leben möglich macht.

Grenzüberschreitende Parks

Einige der Parks liegen in den Grenzregionen zu den benachbarten Staaten. Teilweise reichen sie über die Grenzen hinaus und orientieren sich dabei an den natürlichen Lebensräumen der Wildtiere. Das bekannteste Beispiel dafür ist der Kgalagadi Transfrontier Nationalpark, der sich über die Grenze bis nach Botswana erstreckt.

An der Nordgrenze zu Namibia befindet sich das Richtersveld, ein bergiges Trockengebiet in einer Wildnis, die ihresgleichen im südlichen Afrika sucht. Der Nationalpark liegt in seiner größten Ausdehnung in Namibia, wenn er auf der anderen Seite des Oranje, der den Park von Ost nach West durchfließt und zugleich die Staatsgrenze darstellt, auch anders heißt. Der größte Teil der Feuchtigkeit in dieser Landschaft kommt nicht mit dem Regen, sondern vor allem mit dem allmorgendlichen Nebel, der vom kalten Benguelastrom aufsteigt. Hier gedeihen deshalb auch in erster Linie Pflanzen, die die Feuchtigkeit in ihren dicken Blättern speichern können. Leoparden, Bergzebras und Paviane kann der Besucher in diesen Gefilden intensiv beobachten.

Der bereits erwähnte Kgalagadi Transfrontier Nationalpark ist erheblich größer und beherbergt große Herden von Springböcken, Oryxantilopen, Gnus und Straußen. Durch den Fluss Nassob wird er in den botswanischen und den

Ein Leopard, gut versteckt im Baum, bei der Ausschau nach Beute.

südafrikanischen Teil getrennt. Er ist für die unglaublichen Farbenspiele des roten Kalaharisandes und der blass-grünen Akazien unter blauem Himmel mit seinen weißen Wattewolken bekannt.

Große Wildkatzen und graue Dickhäuter

Das wohl bekannteste und größte Wildschutzgebiet Südafrikas ist ohne Frage der Kruger Nationalpark ganz im Nordosten an der Grenze zu Mosambik. Auf einer Fläche, die dem Staatsgebiet Belgiens entspricht, tummeln sich hier Tausende von Tieren – aber in der Folge auch Tausende von Touristen, die sich so nah wie möglich an die Tiere heranpirschen wollen. Löwen, Elefanten, Zebras und Geparden laufen den gezückten Kameras hier regelmäßig vor die Linsen. Um Leoparden zu sichten braucht man großes Glück – es ist nicht an der Tagesordnung – doch möglich. Auch Giraffen, Flusspferde und eine große Zahl von Vögeln bereiten jedem Afrikaurlauber besondere, unvergessliche Momente.

Im Mountain Zebra Nationalpark findet man, wie der Name schon verrät, vor allem Bergzebras, die hier unter besonderen Schutz gestellt wurden. Dieses Zebra ist eines der seltensten Wirbeltiere überhaupt und lebt ausschließlich in den hochgelegenen Regionen südlich des Oranje. In den 1950er-Jahren war es in dieser Gegend beinahe ausgerottet, doch heute gibt es wieder einen Gesamtbestand von etwa 600 Tieren. Ähnlich erging es den Elefanten, die im Addo Elephant Nationalpark heute wieder eine akzeptable Populationsgröße erreicht haben. Da die Elefanten die Felder der ersten Siedler immer wieder zerstörten, waren sie seinerzeit kurzerhand zum Abschuss freigegeben worden.

Landschaftlich attraktive Gegenden laden zum Wandern ein

Der Golden Gate Highlands Nationalpark in der Nähe zu Lesotho ist weniger für seine Tierwelt bekannt, sondern besticht in erster Linie durch seine einzigartigen geologi-

Leopard in der Morgensonne.

schen Sehenswürdigkeiten. Durch Sedimentationsprozesse haben sich sehr farbenprächtige Gesteinsschichten herausgebildet, die sich wie Bänder um die Felsen ziehen.

Weitere Weltberühmtheiten Südafrikas sind selbstverständlich der Tafelberg bei Kapstadt und die Gardenroute an der südlichen Küste. Wunderschöne Buchten und sich hoch auftürmende Felsen und Kliffs begeistern die Besucher ebenso wie die einsamen Strände und uralten Wälder. Kurz hinter der Küste schließen sich bald die fantastischen Hügelketten an, an denen die vom Meer ins Land driftenden Wolken oft hängen bleiben und für hohe Niederschläge sorgen. Dennoch ist dies eine beliebte Region zum Wandern, vielleicht auch, weil man unterwegs Austern zu einem trockenen Sauvignon Blanc schlürfen kann.

In der Provinz KwaZulu/Natal an der Küste des Indischen Ozeans befinden sich in den Drakensbergen einige weitere Parks wie Giants Castle und der Royal Natal Nationalpark. In diesen Hochgebirgsparks bieten sich Wanderungen und intensive Vogelbeobachtungen an. Und auch das oft mit Nebel angefüllte „Amphitheater“ ist einen Besuch wert: Wenn man auf das „Dach Südafrikas“ hinaufsteigt, erblickt man von oben einen sehr weiten Felsbogen, dessen Hänge steil nach unten abfallen. In diesem Kessel sammelt sich der Nebel, auf den der Besucher von oben hinunter schaut.

Ein junger Gepard beobachtet neugierig seine Umgebung.

Ein Löwe während des Morgenspazierganges am Wasserloch.

Südafrika hat viele Facetten

Südafrika wird, wie eingangs schon erwähnt, als Regenbogennation bezeichnet. Dieses Land präsentiert sich sehr facettenreich, die ehemalige Kolonie am Kap ist kulturell und landschaftlich so gemischt wie keines der anderen Länder des südlichen Afrika.

Die Bilder, die in diesem Land entstehen und die wir Ihnen in diesem Band der Fotografeneditionen zeigen, sind farbenprächtig und lassen den Reichtum an Tieren und beinahe unberührter Natur erahnen.

Links: Bunte Häuschen am Muizenberg Beach dienen als Umkleidekabinen.
Rechts: Bo-Kaap in Kapstadt, bekannt für seine farbenfrohen Häuser.

Linke Seite oben: Die majestätische Bergkette der Drakensberge mit dem spektakulären „Amphitheater" im Hintergrund.

Linke Seite unten: Während der Mittagshitze drängt sich die gesamte Springbock-Herde im Schatten der Bäume.

Rechte Seite oben: Singhabicht auf Beobachtungssitz.

Rechte Seite unten: Ein Kampfadler, der einen Teil eines erbeuteten Vogels bereits in seinem Kropf hat.

Linke Seite: Zwei Bienenfresser am Wegesrand in der Kalahari in Lauerstellung.

Oben: Einer der vielen Versuche, eine Gabelracke während des Flugs zu fotografieren.

Unten: Die Gabelracke oder auch „Lilac-breasted Roller" kommt im gesamten südlichen Afrika vor. Sie ist auch der Nationalvogel Botswanas.

Linke Seite: Eine Giraffenmutter beschützt ihren wenige Wochen alten Nachwuchs.

Oben: Giraffe auf der Suche nach frischem Grün.

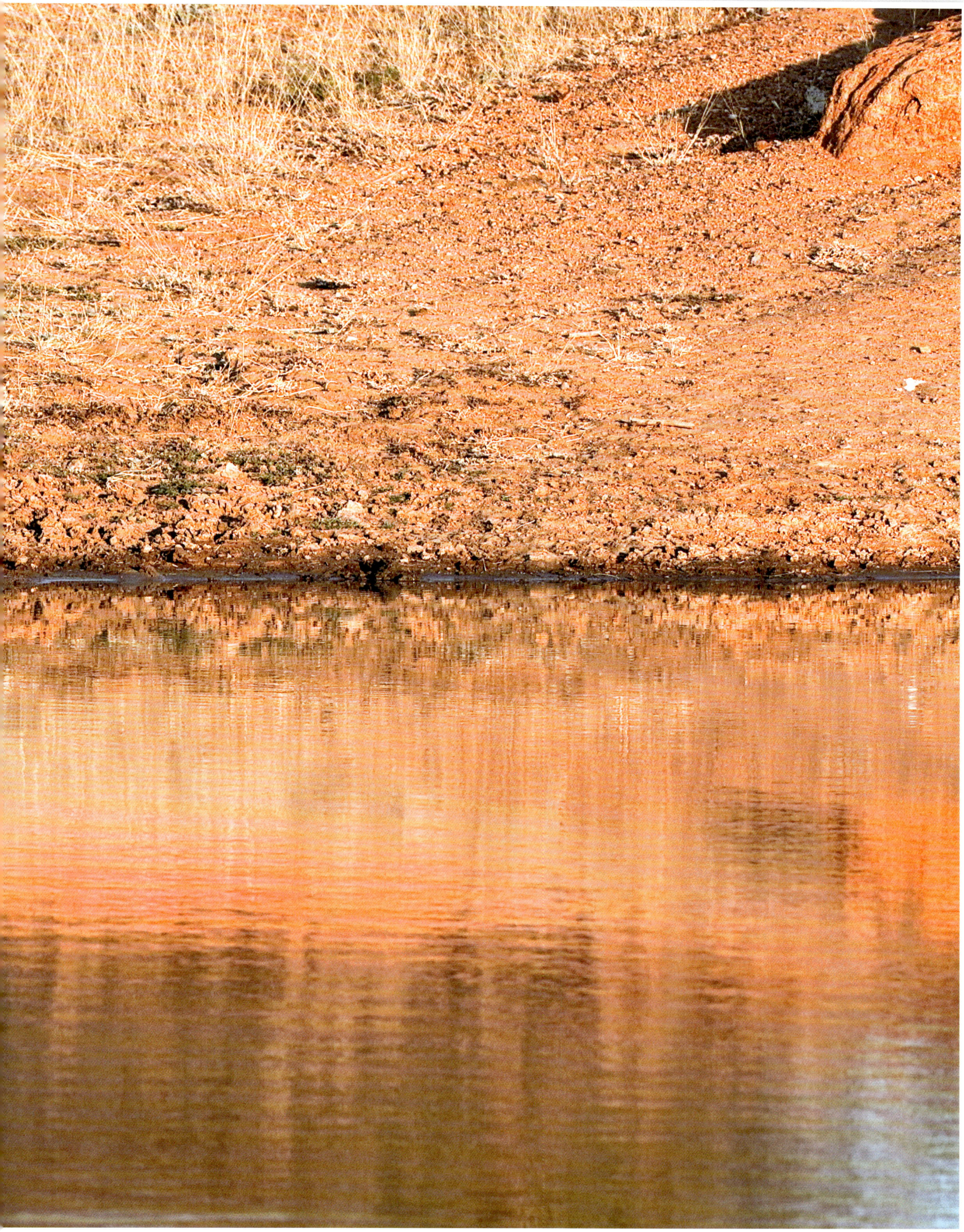

Oben: Tüpfelhyänen bei der Siesta im Kgalagadi Transfrontier NP.

Unten links: Schabrackenschakal in der Abendsonne der Kalahari.

Unten rechts: Schabrackenschakal am Wasserloch.

Oben: ein sehr junger Löwe.

Unten: Fuchsmanguste – ein kleinerer Räuber.

Oben: Gnus im frühen Morgendunst.

Unten: Schwarze Mamba (Dendroaspis polylepis).

Rechte Seite: Gebänderte Kobra (Naja annulifera).

NAMI

Eine ehemalige deutsche Kolonie emanzipiert sich

Riesige Wüsten erstrecken sich an den Küsten Namibias. Trockene Salzpfannen zeugen von der Zeit, als weite Flächen des Landes von einem gewaligen See bedeckt waren. Durch die Savannen streifen Elefanten und Löwen. Subtropische und tropische Landstriche bilden unglaubliche Kontraste zu den Wüsten. Namibia ist ein Land der Gegensätze, das sich mittlerweile als touristisches Ziel einen Namen gemacht hat.

Im Norden liegt Angola, Botswana befindet sich an der östlichen Grenze, der Südosten und Süden Namibias grenzt an Südafrika. Der Atlantik bildet die Westgrenze des über 800.000 Quadratkilometern großen Landes, das somit mehr als doppelt so groß ist wie Deutschland. Der lang gestreckte Caprivizipfel ganz im Nordosten des Landes grenzt zudem an Sambia, nur getrennt durch den Fluss Sambesi. Und theoretisch gibt es sogar eine Grenze zu Simbabwe, doch diese befindet an einem fiktiven Punkt in dem Vierländereck mitten im Sambesi.

Die Namib – Eine Trockenwüste bestimmt die Küste

Als Namibia 1990 unabhängig wurde, wollte es sich die neue Regierung mit keinem der Völker des Landes verscherzen. Deshalb entschied sie sich bei der Suche nach einem neuen Ländernamen für die Ableitung von einer der größten Wüsten, die weite Teile des Landes bedeckt: der Namib. Diese über 2.000 Kilometer lange Trockenwüste prägt die gesamte namibische Atlantikküste, reicht im Norden bis nach Angola hinein und endet erst weit im Süden in Südafrika.

Obwohl die Wüste in ihrer Nord-Süd-Ausdehnung gigantisch ist, so reicht sie doch nur bis zu 130 Kilometer ins Land hinein und erhebt sich dabei langsam vom Niveau des Meeresspiegels bis in etwa 600 Meter Höhe. Östlich dieser kargen Landschaft türmt sich dann das Escarpment (die Große Randstufe) als mächtiger Gebirgswall auf und gipfelt mit dem Königstein im Brandberg-Massiv auf 2.579 Meter. Tiefe Täler zerteilen dazwischen das Escarpment in Richtung Meer.

Im Hochland siedeln die meisten Menschen

Noch weiter im Osten liegt das namibische Hochland. Auf einer Länge von etwa 1.500 Kilometern erstreckt es sich von Norden nach Süden. Viele der namibischen Städte befinden sich in dieser Gegend, obwohl der Norden und die zentralen Regionen des Hochlandes weitgehend von Trockensavannen dominiert sind.

Zur botswanischen Grenze hin senkt sich die Landschaft dann allmählich wieder ab und geht dabei nach und nach in die Kalahari über. Von Bäumen und Sträuchern bedeckte Sandflächen mit Senken und Pfannen, die je nach Jahreszeit mit Wasser gefüllt oder ausgetrocknet sind, prägen diese Landesteile.

Das Klima Namibias wird als arid bezeichnet, das bedeutet, dass die potenzielle Verdunstung die Niederschläge der

Region übersteigt. Es ist also heiß und trocken. Dieses subtropisch-kontinentale Klima ist jedoch in den einzelnen Regionen sehr unterschiedlich ausgeprägt. Der größte Teil des Landes befindet sich im Einflussgebiet des tropischen Sommerregens und die Höhe der Niederschläge spiegelt ein deutliches Nord-Süd-Gefälle wieder.

Steinzeitliche Völker

Die ersten Menschen, die das heutige Namibia besiedelten, waren vermutlich die San und die Khoi Khoi. Beides Völker, die bei manchen Forschern als steinzeitliche Menschen gelten. Sie wanderten etwa um 1300 v. Chr. zum Jagen und Sammeln in diese Region ein, gefolgt von den Bantu, die das Land für ihr Vieh beanspruchten. In den sich daran anschließenden Epochen kam es immer wieder zu gewaltsamen Auseinandersetzungen zwischen diesen Völkern, die sich bis weit in die Neuzeit fortsetzten, auch als die Briten Anspruch auf das Land anmeldeten.

Die Zeit der britischen Herrschaft

Ende des 18. Jahrhunderts übernahmen die Briten die Macht über Teile der südwestafrikanischen Küste, von wo aus Walfang und Rinderhandel betrieben wurde. Die ersten Bodenschätze wurden gehoben und vor allem der Handel mit Guano (Dünger aus dem Kot von Seevögeln) nahm in dieser Zeit an Bedeutung zu. Zu Beginn des 19. Jahrhunderts begann schließlich die Arbeit der Missionare, die maßgeblich zur Gründung vieler noch heute bestehender Städte beitrug.

Die Briten schienen zeitweise gewillt, die nördlich des heutigen Südafrika gelegenen Landstriche ihren Kolonien zuzuschlagen, doch als 1880 ein Krieg zwischen den Bantu und den Khoi Khoi ausbrach, zogen sie sich sofort davon zurück, um dabei keine Verantwortung übernehmen zu müssen. Diese Einstellung änderte sich erst, als die europäischen Mächte ihre Hoheitsgebiete in Afrika deutlich ausbauten.

Kolonialstreben – Unterwerfung und Völkermord

Der Bremer Kaufmann Lüderitz erwarb ab 1882 als erster Land von den Einheimischen des heutigen Namibia. Gleichzeitig bat er das Deutsche Reich um den Schutz seines Landbesitzes und 1889 zogen die Soldaten der Deutschen Schutztruppen in das Land ein. Damit war der Grundstein für die Kolonie Deutsch-Südwestafrika gelegt.

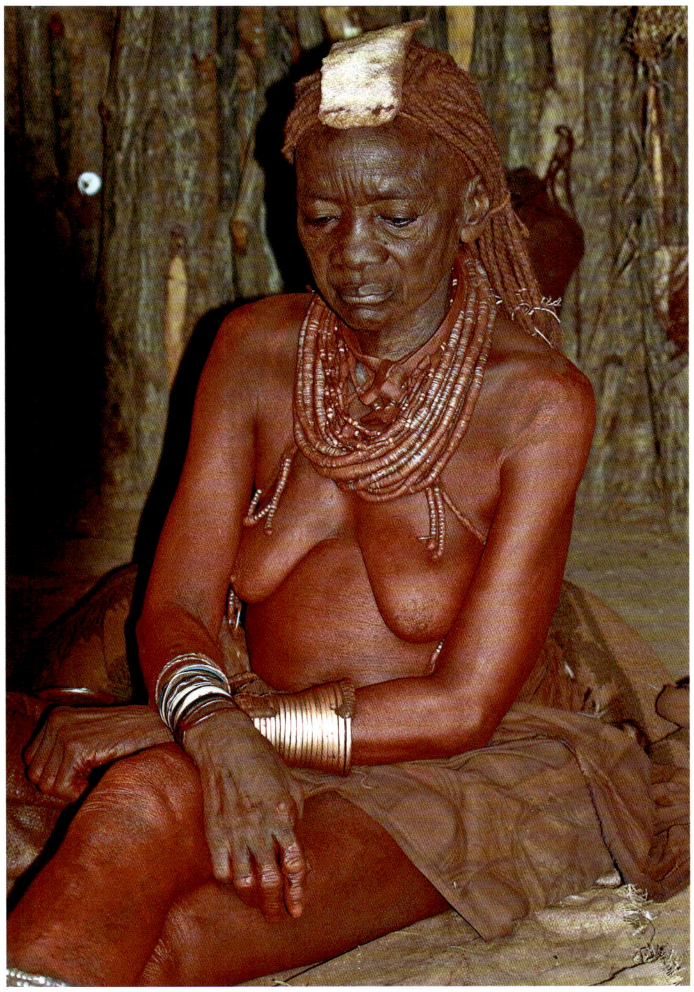

Stammesälteste in einem Himbadorf am Kunene – an der Haartracht lässt sich der Familienstand erkennen.

Himbahütte im Norden des Hartmanns-Tals im Kaokofeld.

Oben: Straßenschild, oft auch mit Warzenschwein oder Elenantilope.
Mitte und unten: In den Himbadörfern geht es beschaulich zu.

Da weiße Siedler das Land wirtschaftlich nutzbar machen wollten, unterwarfen sie in den folgenden Jahren die Einheimischen auf sehr brutale Weise. Den Höhepunkt dieser unrühmlichen deutschen Kolonialgeschichte bildet die Schlacht am Waterberg, bei der eine unbekannte Anzahl von Hereros ermordet wurde. Man geht davon aus, dass etwa 25.000 bis 50.000 Männer, Frauen und Kinder auf Seiten der Einheimischen an der Auseinandersetzung beteiligt waren. Die Menschen wurden in die völlig ausgedörrten Wüsten getrieben, wo die meisten von ihnen verdursteten.

Bis 1906 hatten sich in der Folge die letzten Stämme des Landes der deutschen Kolonialmacht ergeben. Die Einheimischen hatten aber nicht nur viele Stammesmitglieder verloren, sondern auch ihre Stammesstruktur, die Sicherheit und Geborgenheit bot, und ihre gesamten Stammesgebiete eingebüßt. Diese Entwicklung war katastrophal.

Südafrika bekommt das Mandat und gibt es nicht mehr ab

Nach Ende des Ersten Weltkrieges fiel Südafrika das Mandat über das ab sofort Südwestafrika genannte Land zu. Die Einheimischen durften nun zwar wieder Vieh halten, doch in den Reservaten, in denen dies erlaubt war, befanden sich so schlechte Böden, dass sich nur ein Viertel der Bevölkerung auf diese Herausforderung einließ. Die anderen blieben Angestellte der Weißen, jetzt zumeist burische Farmer.

Bis zum Frühjahr 1990 zogen sich über viele Jahrzehnte die Auseinandersetzungen zwischen Südafrika und der UNO hin. Die UNO forderte Südafrika mehrfach auf, das Mandat über Südwestafrika wieder abzugeben. Doch die südafrikanische Regierung befürchtete die Entstehung eines kommunistischen Landes direkt an seiner Grenze und weigerte sich deshalb zur Aufgabe des Mandats. Erst im November 1989 wurden die ersten freien Wahlen durchgeführt und ein halbes Jahr später trat Namibia nach über 100 Jahren Fremdherrschaft in die Unabhängigkeit ein.

Wenige Menschen und große Vielfalt

Heute leben in Namibia etwa zwei Millionen Menschen – über die Hälfte von ihnen ist noch minderjährig. Die meisten

Namibier siedeln im Zentrum und im Norden des Landes, in der Hauptstadt Windhoek wohnen fast 250.000 von ihnen. Doch weite Teile des Landes, vor allem in der Namib-Wüste und in den Savannen der Kalahari sind menschenleer, was Namibia nach der Mongolei auch den zweiten Rang der am wenigsten besiedelten wüstenhaften Länder der Erde einbringt.

Mit der Einführung der Unabhängigkeit wurde Englisch als Amtssprache festgelegt, wobei Afrikaans weiterhin die dominierende Umgangssprache ist. Es gibt natürlich eine Menge anderer Sprachen, die in Namibia gesprochen werden, unter anderem Deutsch als Folge der deutschen Kolonialzeit. Drei große Sprachgruppen dominieren die über 30 Dialekte der Einheimischen: Die Bantu-Sprachen, die Khoisan-Sprachen und die Familie der indogermanischen Sprachen. Besonders charakteristisch ist die Sprachenvielfalt im Alltag, denn die Namibier wechseln ständig zwischen ihrer Muttersprache, dem Afrikaans und der offiziellen Landessprache.

Als Folge der Missionierung in Namibia sind etwa 90 % der Bevölkerung Christen – eine Zahl, die deutlich über dem Durchschnitt der umliegenden Staaten liegt. Daneben gibt es, wie in vielen Ländern des südlichen Afrika, eine Reihe von Naturreligionen traditionellen Ursprungs.

Aufgrund der vielen Bevölkerungsgruppen, wie zum Beispiel San, Ovambo, Ova-Herero, Herero, Himba, Nama, Damara, Kavango, Caprivianer, Rehoboter Baster, weiße Afrikaner und Deutsch-Namibier, gibt es wirklich unzählige Sprachen und Dialekte. Alle pflegen ihre eigenständige Kultur auf Grundlage der Verfassung des Staates. Namibia hat sich daher diese große Vielfalt zum Markenzeichen gemacht: „Unity in Diversity“ (Einheit in der Vielfalt) heißt es in der

Werbung der Touristenbranche. Oder auch „One Namibia – one Nation".

Riesige Farmen bestimmen die Landschaft

Die Basis der namibischen Wirtschaft bilden die Landwirtschaft, der Bergbau, die Fischerei und der Tourismus. Vor allem Rinder werden auf großen Farmen für den Export gehalten, doch dabei muss man sich immer wieder vor Augen halten, dass die karge Landschaft mit ihren stark wechselnden Niederschlägen nur sehr wenige Tiere ernährt. So muss im Süden des Landes für jedes Rind ein Fläche von über 30 Hektar veranschlagt werden. Da wundert es nicht, dass mittlere Farmen in diesen Gebieten bis zu 30.000 Hektar groß sind. Die großen, marktorientierten Farmen sind dabei weiterhin meist in der Hand weißer Farmer, wohingegen die kleinen Betriebe mehrheitlich in schwarzer Hand sind.

Auch der Bergbau (zum Beispiel Kupfer und Uran) nimmt einen bedeutenden Teil der Exportwirtschaft ein und Diamanten erzielen auf dem Weltmarkt weiterhin sehr hohe Preise. An der Küste um Lüderitz wurden 1908 die ersten Diamanten gefunden, die teilweise offen am Strand und in den Dünen lagen und nur aufgesammelt werden mussten. Da diese Nachricht schnell einen Sturm deutscher Siedler auf diese Region zur Folge hatte, wurde das Gebiet kurzerhand zum Sperrgebiet erklärt.

Tourismus und Naturschutz

Neben diesen beiden witterungs- und weltmarktabhängigen Wirtschaftszweigen hat sich in den vergangenen Jahren der Tourismus zu einem Hoffnungsschimmer entwickelt. Von 1991 bis 2009 hat sich die Anzahl ausländischer Touristen, die einigermaßen krisensichere Devisen ins Land trugen, vervierfacht. Dadurch ist der Tourismus in den vergangenen Jahren zur Haupteinnahmequelle des Landes geworden.

Der Naturschutz hat in Namibia einen so hohen Stellenwert, dass er in der Verfassung niedergelegt ist. Unter Schutz

Eine Libelle, aufgenommen am Kunene Rivier.

stehen zum einen bestimmte Tierarten wie das Nashorn, egal in welcher Region des Landes man es antrifft. Darüber hinaus gibt es aber auch Gebiete mit unterschiedlichen Schutzniveaus. Das niedrigste ist das Nationale Erholungsgebiet, in dem der Naturschutz in Verbindung mit Freizeitgestaltung praktiziert wird. Darüber stehen in der Wertigkeit die Nature Parks und Reserves, in denen nur auf traditionelle Weise gejagt und gebaut werden darf. Und den höchsten Status genießen die Nationalparks, in denen man weder bauen und jagen noch wohnen darf.

Dieser Gepard beobachtet gerade Gazellen, es herrscht gespannte Aufmerksamkeit.

Ein Projekt zum Schutz der letzten Geparden

Namibia beherbergt etwa 3.000 der weltweit noch lebenden 12.000 Geparden, dem schnellsten Landtier der Welt. Doch die Population wird weiterhin massiv dezimiert, da es immer wieder zu Konflikten zwischen den Tieren und den namibischen Farmern kommt. Das Hauptproblem dabei ist, dass die Tiere fast alle außerhalb der geschützten Reservate leben. Die Viehzüchter Namibias fürchten daher um ihre Tiere und machen zu deren Schutz Jagd auf die schönen Raubkatzen. Der tatsächliche Verlust durch die Geparden ist jedoch nachweislich gering, da die Raubkatzen in erster Linie Wildtiere jagen.

Die Vielfalt Namibias findet sich überall. Hier ein großer Schmetterling in der Nähe von Otjiwarongo.

Die Aktionsgemeinschaft Artenschutz (AGA) e.V., die auch mit dem Kauf dieser Fotografenedition unterstützt wird, hat sich zum Ziel gesetzt, darüber flächendeckend aufzuklären. Viehzüchter sollen lernen, ihre Nutztiere gepardenfreundlich zu halten und die Bedrohungen realistisch einzuschätzen. Darüber hinaus werden Herdenschutzhunde ausgebildet, die das Vieh vor möglichen Angriffen der Geparden schützen. So soll der Konflikt zwischen Geparden und Menschen dauerhaft gelöst werden, um die Geparde vor der Ausrottung zu bewahren.

Den Massentourismus lehnt die namibische Regierung seit Langem vehement ab, da sie ansonsten nachhaltige Schäden in der Natur befürchtet. Die zumeist gut ausgebaute Infrastruktur ermöglicht mittlerweile eine große Bandbreite an Individualreisen. Mehr und mehr kommt auch der Pauschaltourismus in Namibia auf und es entstehen in der Folge immer mehr Lodges mit hohem Komfort.

Oben: Gewitterstimmung im Namib Rand Nature Reserve.
Unten: Originelle Großflächenwerbung.

Riesige Parks voll unberührter Natur

Im äußersten Nordwesten Namibias befindet sich das nahezu unberührte Kaokoveld. Seine Fläche erstreckt sich über etwa 50.000 Quadratkilometer an der Atlantikküste. Wilde, pastellfarben erscheinende Gebirge erheben sich über abgeschiedenen Flüssen. Obwohl hier die Herero sprechenden Himba leben, trifft man in dieser Region nur sehr selten Menschen. Aufgrund dieser Abgeschiedenheit konnten die Himba Ihre Kultur in diesem Gebiet weitgehend bewahren.

Nur ein Fluss führt im Kaokoveld das ganze Jahr über Wasser: Der Kuene an der Grenze zu Angola. Die anderen Flüsse sind lediglich bei starken Regenfällen als solche zu erkennen. Doch dieser fällt meist nur im Norden, der Süden ist sehr niederschlagsarm. Durchschnitten wird die Landschaft von drei Gebirgen: dem Baynes-Gebirge, den Zebrabergen und dem Ehomo. An das Kaokoveld schließt sich das Damaraland mit seinen bizarren Gesteinsformationen direkt an.

Die große Artenvielfalt des Kaokoveldes wurde im 20. Jahrhundert durch Jäger drastisch dezimiert. Die Bestände von Nashörnern, Elefanten, Löwen und Kudus waren vor allem durch Wilderer fast völlig ausgelöscht. Heute wird ein entschlossener Kampf gegen die Wilderei geführt und die Bestände erholen sich langsam wieder. So findet man hier mittlerweile wieder regelmäßig Nashörner, deren Bestand sich vor allem durch ein spezielles Schutzprogramm einigermaßen stabilisiert hat. Und auch Wüstenelefanten, die vermutlich eine eigene Unterart der afrikanischen Elefanten darstellen, locken viele Touristen in diese abgelegene Landschaft.

Der Ur-See lockt noch heute das Wild an

Am östlichen Rand des Kaokoveldes befindet sich der Etosha Nationalpark. Eine bemerkenswerte Salzpfanne bedeckt große Teile des Parks. Sie hat ihren Ursprung in einem riesigen See, der das südliche Afrika einst dominierte. Durch tektonische Veränderungen verschoben sich die Erdplatten, die hier aufeinander treffen, und veränderten dabei den Verlauf einiger Flüsse, was schließlich zum Austrocknen dieses Ur-Sees führte. Zurück blieben die hellen Salzpfannen, in deren Umfeld heute erstaunlich viele Tiere leben. Etwa 1.500 Elefanten und 200 Löwen teilen sich das Land mit 350 Spitzmaul-Nashörnern und circa 20.000 Springböcken und Zebras. Eine Besonderheit ist in diesem Park durch die Einzäunung in den 1970er-Jahren entstanden: Da die Tiere infolge der Reduzierung auf das Nahrungsangebot innerhalb der Parkgrenzen an Kalziummangel leiden, bilden die Elefanten hier nur sehr kleine Stoßzähne aus.

Ein schmaler Landzipfel mit tropischem Klima

Der Caprivizipfel im Nordosten bildet einen deutlichen Kontrast zu den anderen Landschaften Namibias. Dieser Landstrich erstreckt sich etwa 450 Kilometer in ost-westlicher

Richtung und ist an seiner breitesten Stelle nur 90 Kilometer, ansonsten knapp über 30 Kilometer breit. 1890 wurde dieses flache Sumpfland von der britischen Regierung an das Deutsche Reich abgetreten, das eine Landverbindung nach Deutsch-Ostafrika, der anderen deutschen Kolonie auf dem afrikanischen Kontinent, schaffen wollte.

Das Klima ist im Caprivizipfel fast durchgehend tropisch, denn der Okavango, der Kwando und einige Nebenarme des Sambesi strömen hier hindurch. In der Regenzeit zieht es daher sehr viele Tiere in diese Gegend – und die Touristen folgen ihnen. Üppige Regenwälder, riesige Sümpfe und unendlich viel Wasser stellen einen denkbar großen Gegensatz innerhalb der namibischen Natur dar. Von hier aus unternehmen viele Besucher Ausflüge zu den Victoriafällen und ins Okavango-Delta nach Botswana.

Nach gutem Regen im Ovamboland füllen sich die Oshanas (trockene Abflussrinnen und Pfannen) mit Wasser, und darin wachsen dann diese Wasserlilien.

In dem hier gelegenen Bwabwata-Nationalpark können sie entlang der Flussufer Krokodile bei der Jagd beobachten, Flusspferde und über 400 Vogelarten bestaunen. Besonders berühmt sind zudem die riesigen, manchmal bis zu 100 Tiere

Ohrenrobben am Cape Cross; Ruhe auf privatem Schlummerstein.

Oben: Eine idyllische Unterkunft am Fish River Canon.
Unten: Lüderitz, die deutsche Vergangenheit ist noch sehr präsent.

umfassenden Elefantenherden, die die Marschen des Kwando durchwandern.

Swakopmund und das Brandbergmassiv

Man glaubt es kaum, aber es gibt in Namibia auch Orte, an denen der Besucher Abkühlung findet. Einer davon ist Swakopmund am Atlantik. Die kolonialen Wurzeln sind hier an jeder Ecke augenscheinlich: Deutsche Straßennamen und Restaurants findet man noch überall. Und ein nicht unbedeutender Teil der Bevölkerung spricht Deutsch. Durch den kalten Benguela-Strom sind die Temperaturen das ganze Jahr über recht kühl und Nebel gehört zum normalen Bild des Ortes.

Etwa 160 Kilometer nördlich von Swakopmund erhebt sich ein ovales Bergmassiv aus der ansonsten eher flachen Landschaft. Das Brandbergmassiv. Mit einer Ausdehnung von 23 mal 30 Kilometern ist es das größte Bergmassiv Namibias. Mit seinen 2.580 Metern sticht der Königstein zwar nicht besonders hervor, ist aber dennoch der höchste Berg des Landes. Dieses Areal ist vor etwa 70 Millionen Jahren entstanden. Über 50.000 Felszeichnungen sind am Brandberg bisher gefunden worden, deren Alter auf 2.000 bis 4.000 Jahre geschätzt wird. Die bekannteste der Zeichnungen ist die „Weiße Dame". Diese Figur hat zwar keine weiblichen Formen, doch vermutete man seinerzeit wegen der Körperhaltung und der Lotusblume, die sie in der Hand trägt, es handele sich dabei um eine Frau. Wenn man auch heute eher einen Schamanen oder einen Krieger in der Figur sieht, so hat man doch den damaligen Namen beibehalten.

Das „Matterhorn Namibias" – so wird die Spitzkoppe etwas weiter im Süden genannt. Sie ragt etwa 800 Meter aus der Umgebung hervor und wird von der kleinen Spitzkoppe flankiert. Wie das Brandbergmassiv entstanden auch diese Insel-Berge aus einer Intrusion, also dem Aufsteigen von flüssigem Magma von unten in die bestehende Felslandschaft. Der sich dabei erhebende Hügel wurde im Laufe von Jahrmillionen durch die Erosion zu den heute sichtbaren Felsspitzen geformt.

Schmelztigel Hauptstadt

Namibias Hauptstadt Windhoek liegt beinahe genau im Zentrum des Landes. Architekturbeispiele erinnern noch immer stark an die deutsche Kolonialzeit und lange hielt man hier auch an der deutschen Vergangenheit fest. Doch in letzter Zeit mischen sich mehr und mehr andere europäische und afrikanische Einflüsse in das Leben der kleinen Stadt. Deutsche Straßennamen vermengen sich mit der Völkervielfalt Namibias. Sauberkeit, europäische Geschäftigkeit und eine sehr hohe Arbeitslosigkeit, vor allem in der schwarzen Bevölkerung, bilden dabei die großen Kontraste in der Stadt.

Nördlich von Windhoek erhebt sich ein gigantischer Tafelberg über die Umgebung. Um das längliche Plateau hat man einen Nationalpark errichtet, der allerdings nicht auf eigene Faust erkundet werden darf, sondern nur in Begleitung erfahrener Ranger. In dieser Busch- und Baumsavanne lebt vor allem die Elenantilope, zu deren speziellem Schutz der Park seinerzeit eingerichtet wurde. Die Gegend um den Waterberg mit seinen 1.900 Metern Höhe ist seit Menschengedenken schon Siedlungsgebiet, wie es eine Reihe von Felszeichnungen belegen. Die San lebten hier und die Herero nutzten später das Gebiet als Weidefläche. Dieses Plateau war jedoch auch der Schauplatz eines der grausamsten Kapitel der deutschen Kolonialzeit, als die Herero hier 1904 vernichtend geschlagen und zu Tausenden getötet wurden.

Salzpfannen und vertrocknete Akazien

An der Atlantikküste erstreckt sich der größte Nationalpark Namibias auf 50.000 Quadratkilometern: Der Namib-Naukluft-Park. Unendliche Dünenlandschaften beherrschen das Bild. Die Ausläufer der bis zu 300 Metern hohen Dünen reichen beinahe übergangslos in das wellengepeitschte Meer hinein. Östlich dieser öden Gegend entspringt im Naukluft-Gebirge der Tsauchab, der nach etwa 150 Kilometern einfach in der Namib-Wüste verdunstet. In besonders regenreichen Jahren bilden sich in den Salz-Ton-Pfannen, den Sossus- und Dead-Vleis, kleine Seen. Und noch heute zeugen die Stämme vieler vertrockneten Akazien in der Umgebung davon, dass der Fluss einst den Atlantik erreichte.

Ein Gepard hautnah: Fotografiert beim Cheetah Conservation Fund in Otjiwarongo.

Dieser Nationalpark prunkt nicht mit den großen Wildtieren, wie die anderen Parks des Landes, sondern er kommt etwas zurückhaltender, wenn auch ebenso faszinierend daher. Bedingt durch die große Trockenheit leben hier in erster Linie Geckos, Schlangen und Insekten. Aber auch Schakale, Strauße, Spieß- und Springböcke und Hyänen durchstreifen die sandigen Gebiete.

Sand und Meer

Im Süden der Namib liegt an der Atlantikküste der kleine Ort Lüderitz. Bei Arbeiten an der Bahnstrecke ins Landesinnere fand ein Arbeiter 1908 den ersten Diamant und löste dadurch einen Diamantenboom aus, der schon in den 1920er-Jahren wieder abflaute, weil sich der Diamantenabbau weiter in den Süden verlagerte. In der Lüderitzbucht ruhen etwa 20 Inseln im Meer, auf denen Brillenpinguine in großen Kolonien leben. Über Jahrtausende haben sie und viele andere Wasservögel zur Grundlage für den ersten Exportboom nach Europa beigetragen: Ihre Ausscheidungen werden zu Guano, das ein idealer Dünger für vielerlei Pflanzen und damit weltweit sehr begehrt ist. Die Guanoschichten auf diesen Inseln sind oft viele Meter dick und werden noch heute kontrolliert abgebaut.

Dünen bei Swakopmund, eine Sandviper gräbt sich ein.

Neben den Pinguinen bevölkern Flamingos die Inseln und stellen faszinierende Farbkleckse in der wellenumtosten Gegend dar.

Nur etwa zehn Kilometer von Lüderitz entfernt befindet sich im Inland die heute verlassene Diamantengräberstadt Kolmannskop, teilweise vom Sand begraben. Zu Beginn des 20. Jahrhunderts war der Ort stark bevölkert und aus dieser Region kamen zu der Zeit 20 % aller weltweit geschürften Diamanten. Doch schon 1930 war auch hier die größte Zeit vorbei und in den 1950er-Jahren wurde der Ort sich selbst überlassen. Heute ist er als Museum zugänglich.

Der zweitgrößte Canyon der Welt

Weiter im Südwesten gräbt der Fish River sein Bett tief in die Landschaft. Der zweitgrößte Canyon nach dem Grand Canyon ist hier vor vielen Millionen Jahren entstanden. Heute windet sich der Fluss auf einer Länge von 650 Kilometern von seiner Quelle im Naukluft-Gebirge bis zu seiner Mündung in den Oranje an der Grenze zu Südafrika durch Namibia. Davon fließt er 160 Kilometer durch den fantastischen Canyon zwischen Seeheim und Ai-Ais. Bis zu 550 Meter

Ein „Hotspot" für Fotografen ist diese Wasserstelle in Okaukuejo, im Etosha-Nationalpark.

erhebt sich die eigentliche Ebene zu beiden Seiten in die Höhe. Heute führt der Fish River nur noch periodisch Wasser, welches in der Regenzeit jedoch auch schon mal größere Überschwemmungen mit sich bringt.

Namibia hat im Verlauf der letzten Jahrhunderte eine turbulente Geschichte erlebt. Wanderungsbewegungen einheimischer und zugewanderter Gruppierungen und eine damit einhergehende massive Dezimierung der Wildtierbestände zugunsten der Viehhaltung dominierten immer wieder das Land. Nachdem viele Wildtiere beinahe ausgerottet waren, hat man sich im letzten Moment zum Umdenken entschlossen und so ist eines der faszinierendsten Reiseziele Afrikas entstanden, das durch seine Landschaft und die Vielfalt an Wildtieren die Touristen immer wieder begeistert. Einen Eindruck dieser Faszination vermitteln die Bilder in diesem Kapitel. Lassen Sie sich verführen. ■

Sonnenuntergang am Hardap-Damm; der Stausee ist das größte Trinkwasserreservoir im Süden Namibias.

Links: Ausgetrockneter Flusslauf. Oben: Wasserlilie im Ovamboland. Unten: Die Nacht bricht über einem ausgetrockneten Kameldornbaum im Hochland der Tirasberge herein.

Links oben: Kinder in Khorixas am Straßenrand – sie verstehen es geschickt, einen guten Preis für ihr fotogenes Lächeln zu erzielen.

Links unten: Imposanter Wegweiser zur „Mondlandschaft" und zu den Welwitschia-Pflanzen, die bis zu 2.000 Jahre alt werden.

Linke Seite oben: Junge Himba-Frau bei der Haarpflege. Diese Haarpracht ist der Stolz der Frauen und wird intensiv und mit Hingabe gepflegt, gern auch mit gegenseitiger Unterstützung.

Linke Seite unten: Die Familien in einem Himbadorf teilen sich die Arbeit genauso wie die Vorratskammer, die zum Schutz vor Tieren auf Stelzen gebaut ist.

Rechts oben: Eine Himbafrau bei der „Morgenwäsche" – die Haare werden nie gewaschen, sondern genauso wie der Körper mit der typischen roten Farbe eingerieben.

Rechts unten: Felsgravierungen in Twyfelfontein. Die Felsen sind übersät mit Gravierungen verschiedener Tiere und Jagdszenen, die über einen langen Zeitraum von unterschiedlichen Künstlern eingraviert wurden.

Namibia ist geprägt von sehr unterschiedlichen Landschaftsformen.
Oben: Eine Landschaft im Süden zwischen Rosh Pinah und Aus.
Unten links: Der Bushman's Rock glüht im Sonnenuntergang.
Unten rechts: Ein Grasbüschel im Deadvlei kämpft unter widrigsten Bedingungen ums Überleben.

Links: Springböcke vor Unwetter, Etosha Nationalpark.
Rechts oben und unten: Erdmännchen.

Land der Savannen und des Okawangodeltas

Im Herzen des südlichen Afrika befinden sich unendliche Savannen, riesige Halbwüsten und – abgeschlossen von jedem direkten Zugang zum Meer – Botswana. Khoisan-Völker leben hier seit ewigen Zeiten im trocken-heißen Klima in Harmonie mit ihrer Umwelt. Elefanten und Giraffen, Antilopen und Löwen, Leoparden, Geparden und Zebras bevölkern noch heute die weiten Landschaften, obwohl der Mensch in die Natur eingegriffen und sie nach seinen Vorstellungen verändert hat.

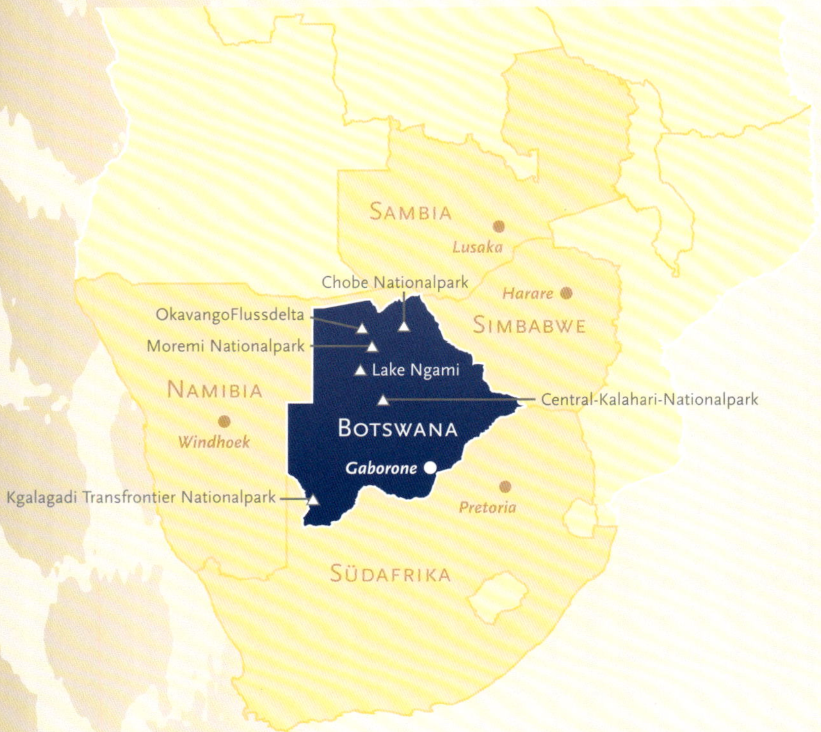

Ein Kudu-Bock am späten Nachmittag im Okawango-Delta.

Die Republik Botswana liegt ohne direkte Meeranbindung mitten im südlichen Afrika. Nordöstlich des Landes schließt sich Simbabwe an, im Norden befindet sich der lang gestreckte Caprivizipfel Namibias, im Westen verläuft die schnurgerade Grenze zu Namibia und südlich und südöstlich breitet sich Südafrika aus. Eine winzige Ecke des Landes grenzt an den Fluss Sambesi, der an dieser Stelle vier Länder voneinander trennt: Botswana, Namibia, Simbabwe und Sambia. Landschaftlich ist Botswana sehr unterschiedlich, der Nordwesten ist zu großen Teilen von dem riesigen und fruchtbaren Delta des Okavango geprägt, während sich im Süden die trockene Kalahari-Wüste mit ihren Salzpfannen erstreckt.

Die Tswana – das größte Volk des Landes

Als Namensgeber des Landes gilt das Volk der Tswana oder auch Batswana. Die Tswana sind eine Bantu-Ethnie, die über mehrere Staaten des südlichen Afrika verstreut lebt und auf etwa 4,5 Millionen Menschen geschätzt wird. Die meisten von ihnen leben allerdings in Südafrika. In Botswana selber leben heute etwa eine Million Tswana, die damit den größten Bevölkerungsanteil stellen.

Abwechslungsreiches Klima in einem großen Land

Auf einer Gesamtfläche von 582.000 Quadratkilometern – das entspricht etwas mehr als der Fläche Frankreichs – siedeln nur etwa zwei Millionen Menschen. Botswana gehört somit zu den Staaten mit der dünnsten Besiedlung weltweit. Hinzu kommen noch etwa 250.000 Simbabwer, die zumeist illegal nach Botswana geflohen sind.

Botswanas Klima ist überwiegend von heißem, trockenem Wetter geprägt. Es ist ein Savannen- und Halbwüstenklima mit Temperaturen um 35° C. Im Winter bewegen sich die Temperaturen tagsüber im Bereich von 20° C und sinken nachts zeitweise unter den Gefrierpunkt ab.

Das Staatsgebiet Botswanas ist beinahe identisch mit dem Gebiet der Kalahari-Wüste, die im strengeren Sinne gar keine richtige Wüste, sondern eine Savanne ist. Als David Livingstone 1849 dieses Gebiet als Erster durchquerte, stieß er auf einen See, den Lake Ngami, der bei späteren Durchquerungen von seinen Nachfolgern nicht mehr gefunden werden konnte. Erst viel später hat man herausgefunden, dass dieser See nur in Zeiten starker Niederschläge mit Wasser gefüllt ist und ansonsten trocken fällt.

Zwei Sprachen und viele Religionen

In Botswana werden heute zwei Amtssprachen gesprochen: Englisch und Setswana. Das Parlament verhandelt auf Englisch und auch die größeren Zeitungen des Landes bedienen sich dieser Sprache. In den Schulen wird der Unterricht ab der Sekundarstufe auf Englisch abgehalten. Die Bevölkerung spricht jedoch untereinander Setswana, eine Bantusprache, die auch in den Grundschulen die Unterrichtssprache ist und von fast allen Botswanern verstanden wird.

Etwas mehr als die Hälfte der Bewohner Botswanas sind aufgrund der europäischen Missionierung Christen, sowohl protestantischer als auch katholischer Ausprägung. Dazu zählen allerdings auch die Anhänger der afrikanischen Kirchen, die sich zum Teil aus so vielen unterschiedlichen Elementen zusammensetzen, dass eine eindeutige Zuordnung zu einer Glaubensgemeinschaft nur schwer möglich ist, da hier traditionelle Elemente mit den christlichen vermengt werden. Die zweite große Gruppe der Bevölkerung fühlt sich den traditionellen Naturreligionen zugehörig. Moslems und andere Glaubensrichtungen spielen nur eine untergeordnete Rolle.

Rinderzucht: Tradition, Überweidung und Wirtschaftsfaktor

Die botswanische Wirtschaft gründet sich im Großen und Ganzen auf drei Pfeilern: Auf der Rinderzucht, der Erschließung von Bodenschätzen und dem Tourismus. Die Rinder haben in der Tradition der Tswana-Gesellschaften eine große symbolische Bedeutung, denn sie standen für Macht und Wohlstand. Um diesen zu erhalten, ließen die Bauern die Rinder so lange wie möglich auf die Weiden und schlachteten sie nur zu besonderen Hochfesten. Die sprunghafte Bevölkerungszunahme im letzten Jahrhundert brachte allerdings eine massive Vergrößerung der Viehbestände mit sich, die sich in den 1980er-Jahren als Katastrophe erwies: Die kargen Steppen und Savannen waren schnell völlig überweidet.

Bedingt durch eine mehrjährige Dürreperiode verschärfte sich das Problem so sehr, dass die Viehzüchter aufgefordert wurden, ihre Bestände zu dezimieren. Diesen Schritt lehnten viele Einheimische aufgrund ihrer Traditionen jedoch ab. In der Folge starb ein Drittel der Rinder an Unterernährung und etwa ein Fünftel des Landes ist seitdem unwiederbringlich zerstört. Heute werden etwa drei Millionen Rinder in Botswana gehalten und stellen als Exportartikel einen wichtigen Wirtschaftsfaktor dar.

Die Viehhaltung entwickelt sich seit ein paar Jahrzehnten auch zu einem massiven Problem für die wild lebenden Tiere. Mehr und mehr werden die Savannen der Kalahari als Weideflächen freigegeben und in der Folge nachhaltig zerstört. Nahrhafte Pflanzen werden von den Rindern abgefressen und stehen nicht mehr als Nahrungsgrundlage für Wildtiere zur Verfügung. Zudem hat man tausende Kilometer lange Viehzäune errichtet, um Elefanten und Gnus am Eindringen auf die Weiden zu hindern, da die Übertragung von Seuchen drohte. In Dürrezeiten werden diese unüberwindlichen Zäune nun zu tödlichen Fallen, denn die Tiere können nicht mehr zu ihren angestammten Wasserstellen wandern

Ein Spiegelbild der Ruhe im Okavango-Delta.

und verenden. So führen die Auseinandersetzungen zwischen Viehzüchtern und Umweltschützern immer wieder zu kontroversen Diskussionen.

Einmarsch und Kolonialstreben der Briten

Die Geschichte des Staates Botswana reicht bis weit in die Frühgeschichte zurück. Bereits für die Zeit vor etwa 200.000 Jahren ist eine steinzeitliche Besiedelung im größeren Umfeld der Kalahari-Wüste nachweisbar. Seit unserer Zeitrechnung entstanden auf dem Gebiet des heutigen Botswanas immer wieder dominante Königreiche und kleinere Staatengebilde, bis in der Mitte des 19. Jahrhunderts die Kolonialisierung weiter Teile des südlichen Afrika durch die Briten begann.

Auf zu neuen Abenteuern – ein kleiner Junge in einem Dorf nahe dem Chobe-Nationalpark.

1885 erklärten die Briten das Land auf Wunsch der Tswana-Häuptlinge zum Protektorat Betschuanaland. Auf diese Weise erhofften sich die einheimischen Stämme, den Machtgelüsten der benachbarten Burenrepubliken Transvaal und des Oranje-Freistaates zu entgehen, aus denen immer mehr Buren in den Norden vorstießen. Durch diese Schutzverträge wurde Betschuanaland zum größten britischen Protektorat des südlichen Afrika. Verwaltet wurde das Protektorat kurioserweise von der Stadt Mafikeng auf südafrikanischem Boden. Im damaligen Betschuanaland gab es zu dieser Zeit keine geeignete größere Stadt mit einer für Kolonialbeamte sicheren Wasserversorgung.

Betschuanaland war zwar nie explizit eine Kolonie der britischen Krone, doch der Unterschied zwischen diesen fremdbestimmten Herrschaftsformen war gegen Ende des 19. Jahrhunderts nur gering. Darüber hinaus engagierten sich die Briten nicht besonders intensiv an der Weiterentwicklung des Landes. Alphabetisierung, Bildung und Straßenbau waren zur Zeit der Unabhängigkeit noch deutlich unterentwickelt.

Botswana wird unabhängig

Bereits 1961 wurde den Bewohnern Betschuanalands eine eingeschränkte Autonomie zugesprochen, unter der sie politische Parteien ins Leben rufen konnten. Nachdem die Entscheidung gefallen war, das Land in die Unabhängigkeit zu entlassen, wurde der Regierungssitz in das Territorium des Landes verlegt und im September 1966 erfolgte schließlich die Unabhängigkeit. Zeitgleich wurde dem Land der neue Name gegeben, unter dem es heute bekannt ist: Botswana. Die neu gegründete Hauptstadt Gabarone direkt an der Grenze zu Südafrika war seinerzeit ein Ort mit gerade einmal 1.000 Einwohnern. Die Stadt am Fluss Notwane entwickelte sich in den folgenden Jahren zu einer Großstadt mit heute 220.000 Einwohnern und ist weiterhin Sitz der botswanischen Regierung.

Impala im Sprung.

Schon im Jahr nach der Unabhängigkeit kam der entscheidende Durchbruch für die Wirtschaft des Landes: Die Entdeckung der ersten Diamanten. Unbestätigten Berichten zufolge sollen diese zwar schon erheblich früher entdeckt worden sein, wurden jedoch geheim gehalten, damit die Unabhängigkeit nicht gefährdet wurde. Denn wenn die Briten gewusst hätten, welcher Reichtum in der unfruchtbaren Erde lagerte, dann hätten sie das Land wohl nie oder erst sehr viel später verlassen.

Eine demokratische Verfassung

Die heutige Verfassung des Staates Botswana sieht eine Verabschiedung der Gesetze vom Parlament vor, das alle fünf Jahre gewählt wird. Neben dieser Nationalversammlung gibt es zusätzlich noch das House of Chiefs, dem 35 Mitglieder führender Stammesvertreter angehören. Diese haben jedoch in erster Linie beratende Funktion.

Die im Allgemeinen als frei und fair geltenden Wahlen haben seit der Unabhängigkeit jedes Mal zu einem überragenden Sieg der Botswana Democratic Party geführt. Dennoch gilt Botswana heute als Musterstaat für demokratische Entwicklung auf dem afrikanischen Kontinent. Das wird auch an der Rechtsprechung deutlich, die sich eng an der Grundstruktur des niederländischen Rechtssystems anlehnt. Zugleich hat jedoch auch das traditionelle Stammesrecht weiterhin eine nicht zu unterschätzende Bedeutung.

Diamanten tragen die Wirtschaft

Durch die Entdeckung der Diamantenvorkommen nur ein Jahr nach der Unabhängigkeit veränderte sich die wirtschaftlich dramatische Situation des Landes, das bis dato zu den ärmsten Ländern der Welt gehörte. Devisen strömten fortan ins Land, bald war die Schuldenrate die Geringste in ganz Afrika und die Währung die Härteste des Kontinents. Der Export von Diamanten macht heute über 70 % des botswanischen Exports aus und die Minen werden von einer halbstaatlichen Gesellschaft betrieben.

Doch dieser Aufschwung wird nicht ewig anhalten, denn Mitte dieses Jahrhunderts werden die Minen erschöpft sein. Ein Ausbau der Landwirtschaft ist wegen des Klimas nicht möglich und die Errichtung von Industrie aufgrund der geringen Bevölkerungsdichte vollkommen unrentabel. Schon heute klafft die Schere zwischen einer kleinen reichen Oberschicht und der großen, sehr armen Unterschicht weit auseinander.

Die Touristen suchen die unangetastete Natur

Einen weiteren wichtigen Wirtschaftszweig stellt mittlerweile der Tourismus dar. Fast ein Fünftel des Staatsgebietes stehen unter Schutz und sind als Nationalparks ausgewiesen. Die meisten Touristen kommen vor allem aus den

benachbarten Ländern, doch auch europäische, amerikanische und asiatische Gäste reisen mehr und mehr in dieses afrikanische Land. Einen besonderen Schwerpunkt setzt die botswanische Regierung dabei auf besonders exklusive Reisen und Safaris.

Weltberühmt ist das Flussdelta des Okavango, der sich in die Kalahari ergießt. Der Okavango beginnt seinen Weg als Cubango im Zentrum von Angola auf dem Hochland von Bié. Von dort aus fließt er nicht in Richtung eines der beiden Ozeane, sondern setzt seine Reise in die Kalahari fort. Hier fächert er sich zu dem 15.000 Quadratkilometer großen und sehr fruchtbaren Delta auf. Fauna und Flora profitieren von den Wassermassen, die sich periodenweise über das Land ergießen.

Insbesondere das geringe Gefälle, das der Okavango durchfließt, führt zu einer äußerst günstigen Konstellation für diese Region: Während die Wassermassen zur Regenzeit in Angola stetig anwachsen, brauchen sie etwa vier Monate, bis sie das Delta in Botswana erreicht haben. Sie kommen hier also genau in der Trockenzeit an. Abertausende von Vögeln, Reptilien und Säugetieren strömen deshalb aus den verdorrten Regionen der Kalahari in die üppig wuchernden Gebiete des Deltas und ziehen Touristen mit sich, die sich dieses Naturschauspiel nicht entgehen lassen wollen.

Ein riesiger Fluss versandet einfach in der Wüste

Zehn Milliarden Kubikmeter Wasser durchfließen jedes Jahr den Okavango. Fast die gesamte Menge des Wassers verdunstet im Okavango-Delta unter der heißen afrikanischen

Ein etwa 8 Monate alter Leopard in der Nähe des Jao Camp im Okavango-Delta wartet auf die Rückkehr seiner Mutter.

Alles im Blick – Giraffe im Chobe-Nationalpark.

Sonne. Der Fluss endet somit einfach in der Wüste und genau dieser Vorgang hat das Delta berühmt gemacht. Ökologisch ist hierbei besonders bedeutsam, dass der Salzgehalt des Wassers verhältnismäßig gering ist, was man zunächst nicht erwartet, transportiert der Okavango doch jährlich etwa 500.000 Tonnen gelöste Salze ins Land und hat dabei Trinkwasserqualität. Zwei Gründe gibt es für dieses Phänomen: Zum einen verdunstet der größte Teil des Wassers über die Pflanzen selber und nicht über die Wasserflächen; die Salze werden also von den Pflanzen gebunden und sammeln sich schließlich auf den vielen kleinen Inseln im Delta. Zum anderen können sich die Böden durch den regelmäßig wechselnden Wasserspiegel besser von der Salzkonzentration erholen.

Bei besonders hohen Fluten strömt ein Teil des Wassers aus dem Delta in den Thamalakane-River, der quer zum Delta im Süden verläuft, das Delta schwappt also genau genommen über. Der Thamalakane-River speist im weiteren Verlauf den Boteti, der in Richtung Kalahari fließt und dann in den Lake Ngami mündet. Der Fluss funktioniert hier demnach wie eine Drainage, die eine weitere Ausbreitung des Okavango-Deltas in Richtung Süden verhindert.

Ein gigantischer See ist ausgetrocknet

In weit zurückliegenden Zeiten waren große Gebiete der heutigen Fläche Botswanas von einem riesigen See bedeckt. Der Lake Makgadikgadi (auch Lake Kalahari genannt) wurde im Norden von den Flüssen Sambesi, Kwando und Okavango, im Süden vom Limpopo gespeist. Der daraus erwachsene See war etwa 60.000 Quadratkilometer groß und bis zu 30 Metern tief. Er hatte, so wie heute das Okavango-Delta, keinen Abfluss in Richtung Ozean. Dadurch konzentrierten sich die Salze mehr und mehr. Das Ostufer des gewaltigen Sees bildete eine Bergkette entlang der heutigen Grenze zu Simbabwe. Vor etwa 10.000 Jahren fand jedoch eine tektonische Verschiebung der Erdplatten statt, die im Zusammenspiel mit einer Klimaveränderung das Austrocknen des Sees

Senegalkiebitz in den Duba Plains.

Die Letschwees (Moorantilopen) sind bestens an das Leben im Delta angepasst.

zur Folge hatte. Die heute sichtbaren Salzkrusten der Makgadikgadi-Salzpfannen sind auf aktuellen Luftbildern sehr gut zu erkennen. Sie sind an den tiefsten Stellen bis zu fünf Meter dick und zeugen von den Ausmaßen des Gewässers.

Diese riesigen Salzpfannen, die eine Ausdehnung haben, die der Größe Belgiens entspricht, sind die größten ihrer Art weltweit. Die weiten, beinahe völlig vegetationslosen Ebenen wirken eigenartig lebensfeindlich. Doch wenn sich die kleineren Salzpfannen im Norden während der Regenzeit allmählich mit Wasser füllen, werden sie zum Brutgebiet für riesige Flamingoschwärme und sie werden von Antilopenherden heimgesucht, die hier Nahrung finden und ihren Nachwuchs zur Welt bringen. Die Antilopen ziehen in den folgenden Monaten durch die Schwemmlandschaften der Makgadikgadi-Pans weiter nach Westen an den Boteti und dann wieder in den Norden – immer dem Wasser nach. Aufgrund dieser Wanderungen wurden 1993 die Flächen mehrerer Schutzgebiete zu einem großen Naturschutzgebiet zusammengelegt.

Ein Fluss fließt in zwei Richtungen

Die für die Austrocknung des Lake Makgadikgadi verantwortlichen tektonischen Plattenverschiebungen führen heute noch zu einer Verbindung zwischen Okavango-Delta und dem Kwando-Linyanti-Flusssystem. Nur sehr selten führt dieser Überlauf aus dem Delta Wasser. Zuletzt fand dieses Schauspiel 2009 zum ersten Mal nach 30 Jahren statt. Das Besondere an diesem Selinda-Spillway genannten Verbindungsfluss ist, dass er je nach Lage der tektonischen Platten

Höckerglanzgans im Landeanflug.

seine Fließrichtung ändert. Das gleiche Phänomen tritt bei dem Savuti-Kanal an der nördlichen Grenze zum Caprivi-Zipfel auf, der noch in den 1980er-Jahren Wasser aus dem Linyanti führte.

Im Nordosten Botswanas befindet sich der Chobe-Nationalpark, in dem große Elefantenherden beheimatet sind. Über viele Jahrzehnte wurde hier kommerziell der Wald abgeholzt und intensiv Jagd auf Tiere gemacht. Bereits seit den 1930er-

Ein Gaukler mit seinem Jungen.

Webervogel bei Nacht im Nest.

Jahren gab es Forderungen nach einem besonderen Schutzstatus für diese Region, denen jedoch erst 1968 mit der Errichtung des Nationalparks nachgegeben wurde. Heute leben in dieser Region die meisten der etwa 80.000 Elefanten Botswanas. Da der Park nicht eingezäunt ist, können die Tiere die Grenzen des Parks bis in die benachbarten Länder überschreiten und frei umherziehen.

Die berauschende Artenvielfalt

Das Moremi-Naturschutzgebiet, das an den Süden des Chobe-Nationalparks angrenzt, ist ein Teil des Okavango-Deltas und bekannt für seine ausgedehnten und abwechslungsreichen Parklandschaften. Lagunen und Waldinseln beherbergen einen bemerkenswerten Artenreichtum und machen diesen Park zu einem der Schönsten in Afrika. Weite Landstriche werden ganzjährig durch Wasserläufe gespeist, andere sind nur saisonal überflutet. Große Bäume, weite Grasflächen und einsame Kanäle wechseln sich mit Mopanewäldern, Akaziensavannen und Sandfeldern zum Rand des Gebietes hin ab. Sitatungas, Moorantilopen und Zebras, Gnus, Warzenschweine und Wasserböcke, Giraffen, Elefanten und Paviane leben hier gemeinsam mit großen Löwenrudeln. Und auch Leoparden, Geparde und Hyänen streifen durch die weite Landschaft.

Der Central-Kalahari-Nationalpark im Zentrum des Landes erstreckt sich über weite Teile der gleichnamigen Savanne und war lange nicht öffentlich zugänglich. Dieser Park mit einer Fläche von über 52.000 Quadratkilometern ist das größte und einsamste Schutzgebiet des südlichen Afrika. Ursprünglich war der Park zum Schutz der hier umherziehenden Nomaden eingerichtet worden und beherbergt heute Abertausende wild lebender Tiere. Nach der Entdeckung von Diamantenfeldern bleibt zu hoffen, dass dieser Lebensraum in seiner jetzigen Form erhalten bleibt.

Kuhreiher im Morgenlicht.

Ein junger Löwe in Little Mombo.

Grenzüberschreitende Parks und exklusive Lodges

Weiter im Westen errang der Kgalagadi-Transfrontier-Nationalpark Berühmtheit durch seine grenzüberschreitende Ausdehnung. Zwei Schutzzonen, die eine auf südafrikanischer, die andere auf botswanischer Seite, wurden im Jahr 2000 zum weltweit ersten Nationalpark zusammengefasst, der sich über zwei Staaten hinweg erstreckt. Die baumgesäumten Flusstäler kontrastieren hier besonders mit den roten Sanddünen und bieten den Kalaharilöwen mit ihren schwarzen Mähnen ebenso ideale Lebensbedingungen wie Geparden und Luchsen.

Ganz im Osten Botswanas befindet sich schließlich der Tuli-Block mit seinem 770 Quadratkilometern großen Park. Der Tourismus richtet sich hier in erster Linie an zahlungskräftige Gäste. Luxuriöse Lodges und Safaricamps dominieren das Geschäft.

Botswana – das Land der Savannen, der Überschwemmungsgebiete, das Land, in dem die größten Teile der Kalahari liegen. Hier findet sich ein atemberaubender Artenreichtum, der Touristen aus aller Welt in seinen Bann zieht. Ein Land mitten in der trockenen Hitze Afrikas, das sich zu einem Musterstaat der afrikanischen Demokratie entwickelt hat. Tauchen Sie ein in diese farbenprächtige Wunderwelt. ■

Okawango-Delta bei einem Flug von Duba Plains ins Jao Camp.

Linke Seite: Pfade im Wasser des Okavango-Delta auf einem Flug von Maun nach Selinda.

Oben: Typische Landschaft im Okavango-Delta auf dem Flug von Vumbura nach Chitabe.

Mit ein bisschen Glück sieht man abends den scheuen Erdwolf.

Das Ende eines Riesen bedeutet Nahrung für viele am Savuti-Kanal.

Streicheleinheiten bei den Löwen im Moremi – nach dem Fressen.

Gepard im abendlichen Gegenlicht.

SAMBIA

Das geheime Paradies – Afrikas bestgehütetes Geheimnis

SIMBABWE

Mitten im südlichen Afrika liegen Sambia und Simbabwe, ohne Anschluss ans Meer, mit traumhaften Landschaften und subtropischem Klima. Die Länder bergen unfassbare Schätze der Natur: Beinah 90 große Säugetierarten durchstreifen die grasbewachsenen Savannen, über 50 Reptilienarten winden sich über die sandigen Böden und durch sumpfige Überschwemmungsgebiete. Mehr als 700 Vogelarten bevölkern die Lüfte und über 500 Schmetterlingsarten scheinen nur zu existieren, um unser Auge zu erfreuen. Hier scheint die Zeit für einen Moment den Atem anzuhalten.

Buschmannzeichnungen am Lake McIlwaine.

Sambia – der Aufstieg eines Landes

Umgeben von den Staaten Angola, der Demokratischen Republik Kongo, Tansania, Malawi, Mosambik, Simbabwe, Botswana und Namibia liegt Sambia mitten im Herzen des südlichen Afrika. Der Name des Landes leitet sich vom Fluss Sambesi ab, der den Staat im Westen durchfließt und im Süden die Grenze zu Namibia und Simbabwe darstellt. Über die weltberühmten Victoriafälle stürzt der majestätische Fluss an der Grenze zu Simbabwe in die Tiefe.

Wenige Menschen auf großer Fläche

Knapp 13 Millionen Menschen leben hier auf einer Fläche von 752.000 Quadratkilometern – das ist mehr als die doppelte Fläche Deutschlands. In der Mitte des Landes beherbergt die Hauptstadt Lusaka auf einer Hochebene etwa zwei Millionen Einwohner. Die Stadt wurde erst 1905 gegründet und 1935 zur Hauptstadt der britischen Kronkolonie Nordrhodesien erklärt. Seitdem ist sie eine der am schnellsten wachsenden Städte auf dem afrikanischen Kontinent.

Das subtropische bis tropische Klima Sambias hat durch die zum großen Teil aus Hochebenen bestehende Landschaft gemäßigte Temperaturen. Im Norden des Landes befinden sich das Bangweulubassin, das den Boden eines riesigen Kraters darstellt, und das Quellgebiet des Sambesi. Im Westen besteht die Landschaft vor allem aus der flachen Sandwüste der Kalahari. Entlang des Sambesi-Steilhanges erstrecken sich fulminante Reliefs. Der größte Teil des Landes ist jedoch von Waldsavannen bedeckt.

Eine alte Kultur und das britische Protektorat

Auf dem heutigen Gebiet Sambias lebten schon vor 300.000 Jahren die ersten Menschen. Vor allem im Norden und im Bereich der Victoriafälle hat man Spuren der Handaxt-Kultur gefunden. Seitdem kann man eine ununterbrochene Besiedlung nachweisen. Die ersten Europäer kamen im 16. Jahrhundert, doch erst im 19. Jahrhundert brach die Zeit der großen Entdecker an, die eine intensive Erkundung des Landes nach sich zog. Der britische Unternehmer Cecil Rhodes dehnte sein Machtgebiet nach Norden aus, jedoch ging bald darauf die Verwaltung an die britische Regierung, die dem Land den Status eines Protektorates und den Namen Nordrhodesien gab.

Alle Schlüsselrollen in der Politik und der Wirtschaft des Landes wurden mit Weißen besetzt. In den 1950er-Jahren fasste man die heutigen Staaten Malawi, Simbabwe und Sambia zur Zentralafrikanischen Föderation zusammen. Erst durch die Änderungen in der britischen Kolonialpolitik durch den Premierminister Macmillan veränderte sich die Situation: Die Föderation wurde 1963 wieder aufgelöst und Sambia im Oktober 1964 in die Unabhängigkeit entlassen.

Unabhängigkeit, Diktatur und Demokratie

Der Weg des „afrikanischen Sozialismus", den Kenneth Kaunda zu Beginn einschlug, wandelte sich sehr schnell in eine autokratische Regierungsform, die sich mehr und mehr in Richtung eines Polizeistaates entwickelte, brachte jedoch kaum eine Verbesserung für die Bevölkerung mit sich. Ende der 1980er-Jahre kam es daher zu Tumulten und einem Staatsstreich gegen die Regierung. Schließlich fanden 1991 freie Wahlen statt, aus der die bisherige Opposition siegreich hervorging. Ein Prozess der Demokratisierung, die Privatisierung der Wirtschaft und die Einführung der Pressefreiheit waren die direkten Folgen.

Heute ist Sambia eine Republik mit einem Zwei-Kammern-Parlament. In der National Assembly sitzen 150 gewählte und acht vom Präsidenten ernannte Mitglieder. Daneben gibt es das House of Chiefs mit 27 Mitgliedern, das 2003 etabliert wurde. Die offizielle Sprache des Landes ist Englisch, doch daneben gibt es sieben anerkannte Stammessprachen mit 72 Dialekten.

Riesige Naturparks dominieren die Landschaft

Etwa acht Prozent des sambischen Staatsgebiets stehen heute unter Naturschutz und in weiteren 33 % der Flächen gibt es hohe Auflagen zur Nutzung des Landes.

Der Kafue Nationalpark im Süden Sambias ist der größte und älteste Park des Landes und gehört zugleich zu den größten Nationalparks der Welt. In diesem Park gibt es vor allem Miombowälder mit wenig Unterholz, aber auch die großen Überschwemmungsflächen der Busanga Plains, die überwiegend von Gras bewachsen sind. Die Vielfalt der hier lebenden Tierarten ist überwältigend: Elefanten und Flusspferde, Büffel, Zebras und Sitatungas, Gnus, Wasserböcke, Impalas und viele andere Pflanzenfresser durchstreifen hier regelmäßig die Gebiete. Desgleichen die Großkatzen Löwen, Geparden und Leoparden. Sehenswert ist aber wohl in erster Linie die enorme Antilopenpopulation dieses Parks.

Graue Dickhäuter sind die heimlichen Herrscher der Savannen

Der Lower Sambesi Nationalpark etwas weiter im Osten ist zwar deutlich kleiner, bietet dafür jedoch viel Abwechslung.

Körperpflege bei Elefanten, der Kleine wird gleich mitgepudert.

Dr. Livingstone Memorial.

Über 120 Kilometer erstreckt er sich entlang des Sambesi, das Escapment (die Randstufe) tritt hier sehr nah an den Fluss heran und ist als geografische Trennlinie weithin sichtbar. Die Elefantenpopulation, die durch den illegalen Handel mit Elfenbein stark dezimiert war, hat sich heute wieder erholt und auch die Löwen sind glücklicherweise zurückgekehrt.

Der Luangwa South Nationalpark, der sich zwischen dem Escarpment und dem ganzjährig Wasser führenden Luangwa-River erstreckt, ist der bekannteste Park in Sambia, denn hier lebt eine der größten Flusspferd-Populationen Afrikas.

Ein unfassbar tiefer See und ein atemberaubender Wasserfall

Im Norden des Landes tritt man auf die drei Seen Mweru, Tanganyika und Bangweulu, die mit ihren Sumpfgebieten ein Anziehungspunkt für riesige Vogelschwärme sind. Die Bangweulu-Sümpfe sind jedoch sehr schwer zugänglich, da sie die Hälfte des Jahres unter Wasser stehen. Der Tanganyika-See, der sich auf den Grenzen zwischen der Demokratischen Republik Kongo, Tansania, Sambia und Burundi weit nach Norden erstreckt, hat mit einer unerwarteten Besonderheit aufzuwarten: Er ist nicht nur 673 Kilometer lang, er ist auch mit 1.470 Metern Tiefe der tiefste See in Afrika und der zweittiefste See der Welt, nach dem Baikalsee.

Der südwestliche Teil Sambias ist vom Sambesi und seinen Nebenflüssen durchzogen. In seinem Verlauf quert der gewaltige Strom auch den Mosi-oa-Tunya Nationalpark, der zwar der kleinste, aber dennoch der am besten besuchte Park Sambias ist. Der Grund dafür liegt in einem Naturschauspiel, das seinesgleichen sucht: Die Victoriafälle. Auf einer Breite von 1,5 Kilometern stürzt der Fluss über mehr als 100 Meter in die Tiefe. Ein atemberaubendes Inferno, das seine Gischt in bis zu 500 Metern Höhe schleudert.

Der Sambesi stellt auf einer langen Strecke die Grenze zum benachbarten Simbabwe dar. Dieses Nachbarland hat in dem Maße, in dem sich Sambia als Reiseziel etabliert, langsam an Bedeutung verloren.

Zebras im Livingstone Nationalpark.

Elefanten im Grenzgebiet von Sambia und Botswana kurz nach Sonnenaufgang.

Riesengroße Masken bei den Tänzen der Mkishi am Sambesi.

Simbabwe – Ein Land kommt nicht zur Ruhe

Wie kaum ein anderes afrikanisches Land hat die Kolonialzeit der Briten den Staat Simbawbe in einen nachhaltig wirkenden Unruhezustand geworfen, der bis heute anhält. Dabei war das Land über lange Zeit touristisch gut erschlossen und hat wie viele seiner Nachbarländer unfassbar schöne Naturparks zu bieten. Großkatzen und Elefantenherden gehören hier zum normalen Bild, die Victoriafälle und die Ruinen von Great Simbabwe sind einen Besuch wert.

Die ehemalige britische Kronkolonie Südrhodesien, die 1980 in die Unabhängigkeit entlassen wurde, kämpft seit Langem um ein demokratisches System. 1965 hatte sich die weiße Regierung einseitig unabhängig erklärt, war jedoch auf Gegenwehr der britischen Regierung gestoßen. Simbabwe wird seit vielen Jahren von Robert Mugabe regiert, der das Land auch zunächst zum Vorbild für eine zügige Demokratisierung machte. Doch in der Zeit zwischen 1990 und 2009 verschlechterte sich die Situation für die Bevölkerung wegen verschleppter Landreformen und der Enteignung weißer Farmer dramatisch.

Mit seinen über 390.000 Quadratkilometern Staatsfläche ist Simbabwe etwas größer als Deutschland, beherbergt jedoch erheblich weniger Einwohner: Knapp 12 Millionen Menschen wohnen hier. Allerdings leben zusätzlich noch etwa vier bis fünf Millionen Simbabwer im ausländischen Exil, da sich die Lebensbedingungen in ihrer Heimat katastrophal verändert haben.

Trockene Savannen und unendliche Wassermassen

Das Land hat keinen eigenen Zugang zum Meer, sondern ist ringsherum von Südafrika, Botswana, Sambia und Mosambik umgeben. Das Klima ist größtenteils subtropisch mit schwülheißen Sommern und trockenen Wintern. Größtenteils ist die Landschaft von Trockensavanne oder Trockenwäldern geprägt, in denen Affenbrotbäume und Schirmakazien für Schatten sorgen. Die Gräser der Savannen erreichen oft eine Höhe von zwei Metern, verdorren jedoch in der Trockenzeit.

Der Sambesi bildet die gesamte Nordgrenze zu Sambia. Hier befinden sich auch die aufsehenerregenden Victoriafälle, die jedes Jahr Tausende von Besuchern ins Land locken. Diese Landschaft im Nordwesten ist geografisch betrachtet das Tiefland Simbabwes und setzt sich vom zentralen Hochland ab, das seit Langem bevorzugtes Siedlungsgebiet und zugleich eine entscheidende Wasserscheide ist.

Gegensätzliche Völker

Die Schona, eine Volksgruppe der Bantu, bilden den größten Bevölkerungsteil. Diese Menschen verstehen sich in erster Linie als Mitglieder einer Gemeinschaft innerhalb ihrer Traditionen. Die zweite große Gruppe der Bantu in Simbabwe sind die Ndebele, die eng mit den Zulu verwandt sind und in ihrer Tradition kriegerischer aufgestellt sind als die Schona.

Viele Völker besiedeln eine Landschaft

Aus der Zeit um 50.000 vor Christus sind die ersten Zeugnisse einer Besiedlung Simbabwes nachweisbar, doch die heute im Land lebenden Schona kamen erst im 11. Jahrhundert in diese Gegend. Vom 13. bis zum 15. Jahrhundert erblühte Groß-Simbabwe zu einem mächtigen Großreich,

Der konische Turm. Wahrscheinlich ein königliches Machtsymbol innerhalb von Groß-Simbabwe.

von dessen Existenz noch heute die Ruinen im Südosten des Landes zeugen. Die Bodenschätze, die fruchtbaren Böden und der Wasserreichtum waren schon seinerzeit das Kapital

Eine Zwergmanguste schaut neugierig zwischen Baumstämmen hervor.

der Schona. Dennoch führte eine Hungersnot im 15. Jahrhundert zum Zerfall des Großreiches in die Reiche Monomotapa und Torwa, die Ende des 17. Jahrhunderts vom Rowzi-Reich verdrängt wurden.

Zu Beginn des 19. Jahrhunderts wanderten die Ndebele auf der Flucht vor einem Zulu-König und den Buren in das Stammesgebiet der Schona ein und vertrieben sie teilweise. Wer nicht floh, wurde unterworfen. Doch in den neuen Gebieten erging es ihnen nicht viel besser, denn hier stritt der Großunternehmer Cecil Rhodes mit den Briten und den Buren um Schürfrechte, bis die britische Krone das Land 1891 zum Protektorat Südrhodesien ernannte.

Die Rassentrennung wird institutionalisiert

Im Aufstand gegen die weißen Besetzer in ihrem Land schlossen sich die Schona und Ndebele 1896 zum gemeinsamen Kampf zusammen, wurden jedoch niedergeschlagen. Kurz darauf besiedelten weiße Farmer das Land und in der Folge wurde die Trennung zwischen Schwarzen und Weißen immer mehr etabliert. Wohnen, Arbeiten, ja selbst die öffentlichen Toiletten waren strikt getrennt. Eine Apartheid unter anderem Namen war institutionalisiert.

Nach der kurzen Zeit der Zentralafrikanischen Föderation traten Sambia und Malawi 1964 in die Unabhängigkeit ein. Die weiße Regierung Simbabwes forderte diesen Schritt ebenfalls, konnte sich aber nicht gegen die britische Regierung durchsetzen. Diese wollte die Unabhängigkeit erst nach der Einführung des allgemeinen Wahlrechts zulassen. Eine weiße Minderheitsregierung unter Ian Smith erklärte daraufhin 1965 einseitig die Unabhängigkeit. In den folgenden Jahren versank das Land in immer wieder aufflackernden Freiheitskriegen und es dauerte noch bis 1980, bis endlich freie Wahlen und danach die Unabhängigkeit von der britischen Krone durchgesetzt wurden.

Ein neuer Herrscher mit diktatorischen Zügen

1980 wurde Robert Mugabe erst zum Premierminister, ein paar Jahre später zum Präsidenten Simbabwes gewählt. Die Macht der weißen Minderheit war damit Vergangenheit. Doch Mugabe steuerte in ein autokratisches System hinein,

Regenbogen an den Victoria-Fällen.

das viele Simbabwer in den ökonomischen Ruin und ins ausländische Exil drängte. Erst 2009 gab Mugabe nach einer verlorenen Wahl einen Teil seiner Macht ab.

Diese politischen Entwicklungen spiegeln sich auch im Tourismus wider. Von 1970 bis 2000 war Simbabwe ein beliebtes Reiseland mit guter Infrastruktur. Im ersten Jahrzehnt des neuen Jahrhunderts wanderten die Touristen jedoch nach Sambia ab, das in dieser Zeit mehr Komfort bot. Die großartigen Naturlandschaften Simbabwes sind unterdessen geblieben.

Die Naturparks am Sambesi

Der Mana Pools Nationalpark am Südufer des Sambesi wurde 1984 zum UNESCO-Weltnaturerbe erklärt – er ist den schwankenden Wasserständen des Grenzflusses unterworfen. Vor allem in der Trockenzeit trifft man hier regelmäßig auf das klassische Großwild wie Löwen, Elefanten, Büffel, Leoparden, Geparden, Nilkrokodile und Flusspferde. Zum Zeitpunkt der Gründung des Parks Anfang der 1980er-Jahre lebten hier noch etwa 500 Spitzmaulnashörner, die allesamt Wilderern zum Opfer gefallen sind.

An der Grenze zu Botswana, in den Ausläufern der Kalahari befindet sich einer der größten afrikanischen Nationalparks: Der Hwangwe-Nationalpark beherbergt ebenfalls nahezu alle der afrikanischen Wildtiere, die der Besucher auf einer Safari erwartet. Vor allem die Elefantenpopulation hat sich in diesem Park in den letzten Jahrzehnten deutlich erholt.

Die Victoriafälle und die Mutarazi-Fälle

Die Victoriafälle im Westen des Sambesi sind als atemberaubendes Naturschauspiel weltweit bekannt. Ein kleiner Nationalpark schließt sich direkt gegenüber den Wasserfällen an, in dem sich durch die ständige Gischt der Wasserfälle auf der simbabwischen Seite des Sambesi ein Regenwald mit seiner klassischen Artenvielfalt angesiedelt hat.

Und schließlich beeindrucken die herrlichen Berglandschaften der Eastern Highlands an der Grenze zu Mosambik die Besucher immer wieder. Hier befinden sich auch die Mutarazi-Fälle, die mit einer Höhe von 760 Metern die fünfthöchsten Wasserfälle der Welt sind.

Sehenswert sind auch der Matobo Nationalpark bei Bulawayo, der Stausee des Sambesi, der Lake Kariba, und Entwicklungspotenzial bietet der Gonarezho Nationalpark als Teil eines Transfrontier Nationalparks mit Südafrika.

Der Fall des Einen ist der Gewinn des Anderen

Während Simbabwe lange Zeit als ein sehr empfehlenswertes Reiseziel gehandelt wurde, haben die politischen Entwicklungen der vergangenen 20 Jahre dazu geführt, dass ein Teil des alten Reizes nach und nach verschwand. In dem Maße, in dem Simbabwes Bedeutung für Safari-Touristen abnahm, stieg sein Nachbar Sambia auf. Das Schicksal beider Länder ist untrennbar miteinander verknüpft – und das seit langer Zeit. So bleibt zu hoffen, dass sich Simbabwe von den Umbrüchen erholt und Sambia seine Erfolge weiter auskosten kann. ■

Meilenstein an der Straße auf dem Weg von Lusaka nach Livingstone.

Die Morgensonne bescheint den holzfällenden Elefanten.

Viktoria-Wasserfälle, Regenbogen bei strahlendem Sonnenschein in der Gischt der Hauptfälle.

Die Grenze von Sambia und Simbabwe führt mitten durch die Victoria Falls, die größten Wasserfälle Afrikas. Blick von Simbabwe.

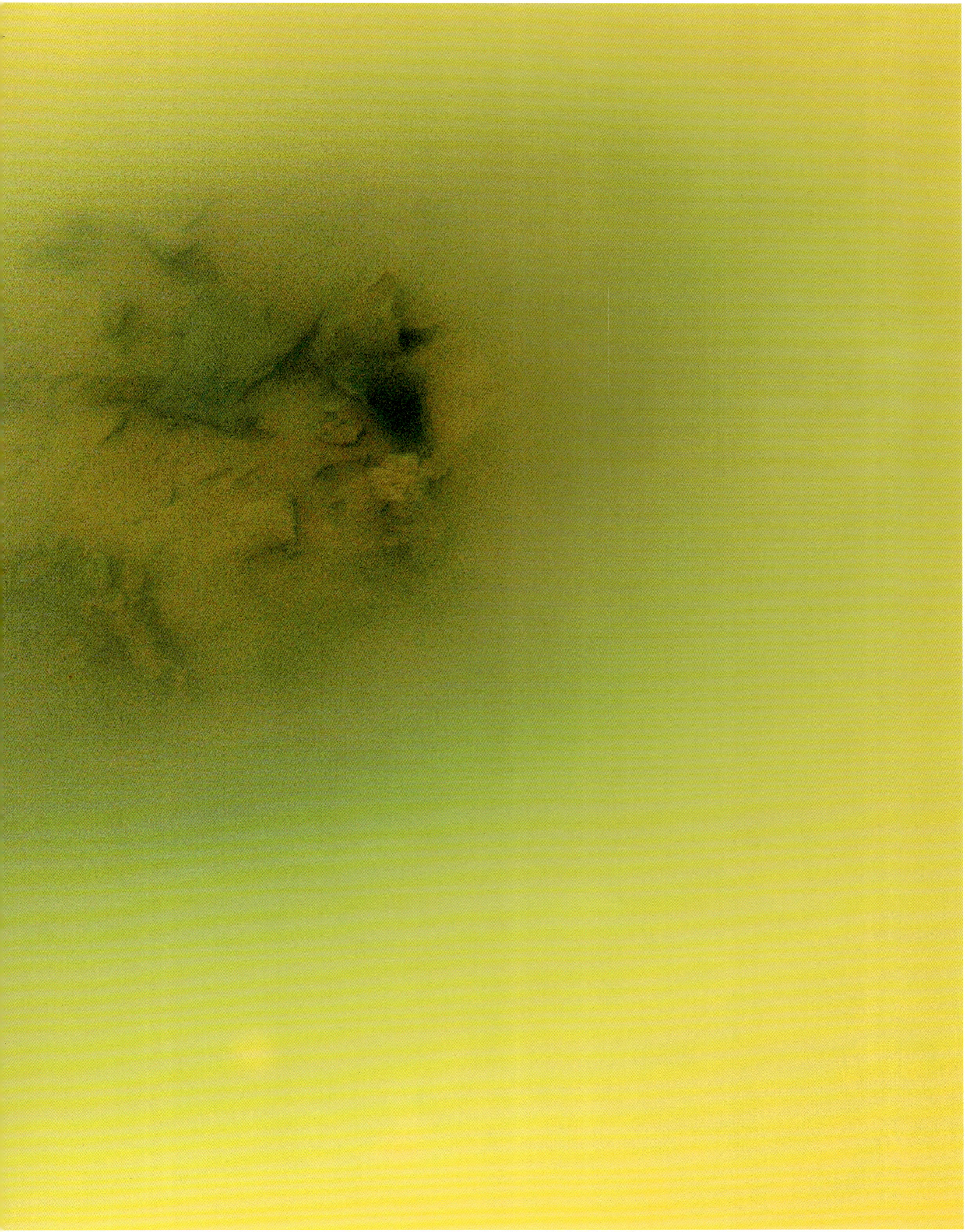

www.bluegreenprint.de

Nachhaltigkeit durch bluegreenprint®

Hoher Anspruch und ständige Innovationsbereitschaft zeichnet die Druckerei druckpartner in Essen aus. Die dabei gesetzten Ziele sind konkret und nachvollziehbar – auch im Ergebnis. Das erreicht druckpartner durch die Übernahme sinnvoller Standards unabhängiger Organisationen und die damit verbundene Prüfung und Zertifizierung des Betriebes. Maßnahmen zur Qualitätssicherung und -verbesserung gehören ebenso dazu, wie ein bewusster, umweltschonender Umgang mit natürlichen Ressourcen. **Klimaneutrale Druckproduktion und der Einsatz von FSC-Papieren sind nur einige davon.**

Maximal reduzierter Gebrauch von Lösungsmitteln und Chemikalien leistet einen vernünftigen Beitrag zur Gesundheit der Mitarbeiter und zur Schonung der Umwelt. druckpartner reinigt die Druckmaschinen zu 90 % auf Sojaölbasis – ohne Lösungsmittel. Seit 2005 werden die Waschmittel in einer eigenen Anlage recycelt. Die Feuchtmittel, die in den Druckmaschinen zum Einsatz kommen, sind alkoholreduziert. Farbdosen aus Metall kommen bei druckpartner nur noch selten zum Einsatz. Sie wurden durch ein modernes Farbpump-Kartuschensystem ersetzt.

Ein wichtiges neues Projekt zum Thema Nachhaltigkeit ist „bluegreenprint®". Mit dieser eigenen Marke engagiert druckpartner sich direkt und ohne Umwege aktiv selbst – mit einer Komponente des sozialen Engagements – für unsere Umwelt. **Nur wenn Sie das Gelb (soziales Engagement) zu 100 % mit Blau (Natur und Umweltengagement) mischen, erhalten Sie zu 100 % „bluegreenprint®".**

Projekte, die aus dem bluegreenprint®-Topf gefördert werden, zeigen eines ganz deutlich: Naturschutz hat immer eine soziale Komponente. Denn jedes ökologische Projekt schafft Arbeitsplätze und dadurch ein soziales Netz der Sicherheit. **bluegreenprint® steht somit für umweltfreundliches drucken und aktives Engagement für Natur, Klima und Gesellschaft in einem!** Neue Werte – das Engagement und die Unterstützung sogenannter „face to face"-Projekte, zum Beispiel www.mondberge.com – sollen das Denken und Handeln vieler Menschen verändern.

Bekennen Sie Farbe mit bluegreenprint® und bringen Sie Bewegung in den Umweltschutz. Klimaneutral drucken und ökologisch-soziale Projekte fördern.

Jetzt ganz einfach, informieren Sie sich auf: **www.bluegreenprint.de.**

Bildnachweise:
8 o., 26, 30 u., 42 u., 55 o., 65 o., 74-75, 80, 91 o., 98 u., 108 l. o., 111 r. u., 120, 121 o., 121 u., 122-123, 124 o., 124 m., 124 u.

Dagmar Beutelmeyer

Geboren und Wohnsitz in Linz, Österreich; Studium der Wirtschaftswissenschaften, hauptberuflich Marktforscher.

Ihre Freude an der Fotografie wurde schon in Kindesjahren vom Vater sehr gefördert. Mit zunehmendem technischem Können entwickelte sich ihre Liebe zur Landschafts- und Makrofotografie sowie zur Porträtfotografie. Etliche Veröffentlichungen von Reiseberichten durch Asien sowie Diavorträge über Kambodscha, Vietnam und Borneo; in den letzten Jahren Schwerpunkt auf Tierfotografie, vorzugsweise Vögel und Tierwelt Afrikas.

Bevorzugtes Fotorevier in Österreich ist der Nationalpark Kalkalpen und das Reichraminger Hintergebirge. Zahlreiche Foto-Veröffentlichungen für Kalender und Wanderrouten-Beschreibungen aus dem waldreichsten Nationalpark Österreichs. Fotoseminare für Medienfrauen und Journalistinnen; Mitglied im Fotoclub Leonding. Fotografie ist für Dagmar die Leidenschaft, auf den Punkt zu bringen, was sie an Mensch und Natur berührt und das als Inspiration für sich selbst und andere zu bewahren.

Bildnachweise:
39 o., 44 u., 45 l. o., 47 r. o., 61 o., 72 l., 76, 77 o., 77 u., 78 u., 82-83, 92 o.

Waltraud Bonrath

Waltraud Bonrath wurde 1936 in Berlin geboren und lebt heute in einem kleinen Dorf im Weserbergland. Sie studierte Physik in Darmstadt und Biologie in Göttingen. Mit der Fotografie begann sie schon als Schulkind. In der eigenen Dunkelkammer machte sie ihre Abzüge und Vergrößerungen, natürlich schwarz-weiß. 1955 begann sie mit der Kleinbild-Fotografie und den ersten farbigen Dias. Durch Studium, Beruf und Familie wurden andere Dinge wichtiger, sodass das Fotografieren in den Hintergrund trat.

Erst Jahrzehnte später konnte sie sich eine Spiegelreflex-Kamera, damals noch analog, leisten. Sie bereiste immer wieder Russland und Polen und hielt Diavorträge. Erst als auch für sie vor einigen Jahren das digitale Zeitalter mit Computer und Digital-Kamera begann, hat es sie so richtig gepackt. Seitdem widmet sie sich besonders gern der Tierfotografie, zum Beispiel Seeadler in Ostdeutschland, Störche in Polen, Basstölpel und Robben auf Helgoland, Eisbären auf Spitzbergen, Braunbären in Finnland und Afrikas Tierwelt in Süd-Afrika.

Anja und Heiko Denker

Anja, gebürtige Namibianerin (Jahrgang 1967), verließ Windhoek nach ihrem Schulabschluss, um in Kapstadt zu studieren. Als passionierte Natur- und Tierfreundin zog es sie 1993 wieder nach Namibia zurück. Sie ist inzwischen verheiratet und hat gemeinsam mit Heiko eine elfjährige Tochter, Alexa. Seit der Geburt ihrer Tochter ist Anja als freischaffende Künstlerin (Schwerpunkt Briefmarken-Design) tätig. Sie gestaltete über 100 Briefmarken für Namibia und andere Länder Afrikas. Der Naturschutz liegt ihr sehr am Herzen und die Künstlerin hat einige Briefmarkenserien entworfen, um das Bewusstsein der Menschen darauf zu lenken und einen Beitrag für den Schutz der Umwelt und der gefährdeten Tierarten zu leisten.

Heiko, 1965 in Namibia geboren, aufgewachsen auf einer Farm, ist mit 16 Jahren zusammen mit seiner Familie nach Australien ausgewandert. Er wurde an der Adelaide Universität zum mechanischen Ingenieur ausgebildet und kehrte 1992 nach Namibia zurück. 2001 hat er ein eigenes Pumpenfachgeschäft gegründet. Zu seinen Interessen gehören neben der Fotografie, das Schreiben, Lesen, Psychologie, Philosophie, Religionen und menschliches Verhalten. In der Natur fühlt Heiko sich am wohlsten und es sollte nicht überraschen, wenn er sich eines Tages auf eine Farm in Namibia zurückzieht ...

Bildnachweise:
96-97, 101 o., 102 u., 105 r. o., 111 r. o., 113, 125 o., 132 o., 132 u., 134 o., 135 u.

Nadine Haase

Geboren ist Nadine Haase 1974 in Krefeld, aufgewachsen in Nordhessen, nach dem Tiermedizinstudium in Leipzig arbeitet sie nun als Tierärztin bei Aachen. In der Jugend auf dem Lande hat sich ihre große Liebe zu Tieren und der Natur entwickelt. Beides hat sie von klein auf versucht in Fotos festzuhalten. Doch das richtige Fotografieren begann erst vor wenigen Jahren mit der ersten digitalen Spiegelreflexkamera, mit der sie die verschiedenen Techniken erlernte.

Die Fotografie ist ein guter Ausgleich zum Berufsalltag. Egal, wie hart der Tag auch war, ein schönes Foto lässt sie den Stress im Nu vergessen. Zudem findet sie auch während Ihrer Arbeit viele Motive und plant für Kunden Fotoshootings. Ihre eigenen Tiere, ein Pferd und zwei Katzen, sowie ihre Hobbys: Fahrrad fahren, Volleyball, Zeichnen und viel Aufenthalt in der Natur sorgen für Entspannung. Innerhalb Deutschlands ist Nadine von einem Ende zum anderen gekommen. Nun kann auch die Erkundung der Welt beginnen. So waren Namibia und Kanada ihre bisher beeindruckensten Reiseziele, weitere werden folgen.

Bildnachweise:
8 u., 103 r. u., 107 r. o., 109 o., 118-119 o., 130-131, 131 r. o., 134 u., 135 o.

Bildnachweise:
Thomas Herrmann
44 l. o., 45 r. o., 46 u., 47 l. u., 56 u., 57 o., 58, 62 u., 66-67, 84 o., 85, 90 l. u., 92 u., 93, 94,

Marius Herrmann
21 u., 40 r. o., 68, 95 o., Schuber Cover l. o.

Thomas und Marius Herrmann

Thomas Herrmann, Jahrgang 1964, war in seiner Jugend begeisterter Hobby-Fotograf. Später aber blieb dafür zu wenig Zeit. Studium, Beruf und Familie hatten zunächst Vorrang.

Im Herbst 2004 flammte die alte Leidenschaft in Form einer Nikon D70 neu auf. Die Digitalfotografie mit der Möglichkeit, Aufnahmen sofort betrachten und ggf. wiederholen zu können, eröffnete ganz neue Perspektiven und Herangehensweisen an das wiederentdeckte Hobby. Kurze Zeit später waren die ersten Tierfotografie-Workshops gebucht. Im Sommer 2007 zog es Thomas erstmals in die Gegend des Krüger Nationalparks. Und natürlich war dies nicht die letzte Reise in den Süden Afrikas.

Marius Herrmann, Jahrgang 1997, kam im Frühjahr 2008 erstmals mit der Fotografie in Berührung, als er seinen Vater in den Bayerischen Wald begleitete. Etliche Bilder des damals 11-Jährigen konnten mit denen des Vaters mehr als mithalten. Also war es nur konsequent, dass Marius seinen Vater im Sommer 2009 nach Südafrika begleitete und somit auch einen Beitrag für dieses Werk leisten konnte. Die Vorliebe fürs Kreative und Künstlerische kann Marius ohnehin nicht verleugnen. Sein Traumberuf ist ein Job als Designer bei der Firma LEGO®.

Bildnachweise:
9 u., 28, 52 o., 52 u., 53 o., 53 u., 168-169, 170 l. u., 171 o., 172 r. o., 173 r. o., 173 u., 175 l. u., 176 o., 177 r. o., 180 o., 180 u., 182-183, 184-185, 185 r. o., 185 r. m., 186-187, 188-189

Claus-Dieter Langer

Claus-Dieter Langer, geboren am 17.02.1958 in Köln. Lebt seit 1990 bis heute überwiegend in Sambia bzw. Südafrika. Von 1990 bis 1997 war er als Dozent für Elektrotechnik in Sambia sowie als Berater für das Bildungsministerium in Eritrea tätig. Wegen seiner Leidenschaft zum Tauchen baute er 1993 die Tanganyika Lodge am Lake Tanganyika im Dreiländereck Sambia-Kongo-Tansania auf, wo er seitdem auch die Wissenschaftler der Universität Bern (Abt. Vergleichende Verhaltensforschung) unterstützt. Seit 1997 unternimmt er Reisen mit seinem Motorrad oder Expeditions-Lkw ins südliche Afrika, Schwerpunkt Sambia. Die Liebe zur Fotografie begann mit 12 Jahren mit einer Voigtlander Besamatic. Heute benutzt er Nikon D200, D5000 sowie eine Canon Kompaktkamera.

Christoph Wrana ist seine rechte Hand in Deutschland und assistiert ihm bei seinen Arbeiten.

Harald Lydorf

Harald Lydorf, Jahrgang 1945, aufgewachsen in der Eifel und nahe Trier. Nach einem Studium der Nachrichtentechnik in Aachen und einigen Zwischenstationen wohnt er mit seiner Frau in der Nähe von Bonn. Er arbeitet freiberuflich im Bereich der Managementberatung.

Reisen war schon immer seine Leidenschaft, aber 1984 erwischte es ihn, zwei hartnäckige Viren nisteten sich bei ihm ein: die Liebe zu Afrika und zur ambitionierten Fotografie. Dieser ersten Reise nach Südafrika folgten bis heute etwa 30 weitere Besuche des Schwarzen Kontinents, von der Sahara im Norden über die Tierparadiese in Ostafrika bis zu den Ländern im Süden – überall faszinierte ihn die Schönheit der manchmal sehr rauen Landschaft, die Artenvielfalt in Tier- und Pflanzenwelt sowie die Freundlichkeit der Einwohner. Seit 5 Jahren hat sich der bis dato überzeugte Dia-Fotograf dem digitalen Lager angeschlossen und träumt nur noch ab und zu von den guten alten Zeiten, als er noch nicht so lange am PC sitzen musste.

Schon in diesem kleinen Zeitfenster von 25 Jahren konnte er mit Bedauern einen Rückgang der Gepardenpopulationen feststellen. Deshalb freut es ihn besonders, dass aus dem Erlös dieses Buches ein Beitrag für den Erhalt der schnellen Katzen erwachsen soll!

Bildnachweise:
21 o., 22, 23, 29, 31 o., 37 r. o., 42 o., 43 l. o., 43 l. u., 55 u., 89 u., 90 o., 90 r. u., 91 u., 99 u., 103 r. o., 104 l. o., 105 u., 106 l. m., 107 l. u., 116-117, 118 u., 119 u., 125 l.u., 125 r. u., 128 o., 128 u., 131 r. u., 133, 156-157, 158-159, 164 l. o., 170 r. o., 172 l. u., 174 l. o., 175 l. o., 177 u., 179 r., 181, 185 r. u., 204-205, Schuber Cover r. o., Schuber Rückseite Hintergrund

Stephan Rech

Stephan Rech, geboren am 26.01.1969 in Kassel, ist Diplom-Ingenieur und Geschäftsführer einer Haustechnikfirma in Kassel. Im Jahr 2005 kam er über das Fotografieren von Referenzbädern und Heizungsanlagen für seine Haustechnikfirma wieder in den Kontakt mit der Fotografie, welche er zuletzt als Jugendlicher mit der Fotografie von Pflanzen im heimischen Garten ausgeübt hatte.

Zunächst als Ausgleich zu seinem Beruf entdeckte er seine Leidenschaft zur Naturfotografie wieder neu. Heute ist er mit diversen Festbrennweiten und Profikamera als Canon-Professional-Member unterwegs auf fotografischen Streifzügen durch die Natur.

Neben Südafrika fotografierte er u. a. in Irland, England, Österreich und natürlich Deutschland.

Er vertreibt seine Fotos über diverse Bildagenturen, hält naturfotografische Vorträge und beteiligt sich regelmäßig an nationalen und internationalen naturfotografischen Wettbewerben. Außerdem ist er Fördermitglied der Gesellschaft Deutscher Naturfotografen (GDT). Seine Fotos präsentiert er außerdem regelmäßig auf der Homepage unter www.stephan-rech.de.

Bildnachweise:
6-7, 24 o., 25, 38 r. o., 40 l. o., 62 o., 63, 65 u., 69, 70, 71 u., 78 o., 84 u., 88, 95 u.

Norman Schäfer

Norman Schäfer wurde 1955 in Bonn geboren. Er ist Zahntechnikermeister und Geschäftsführer der Zahnkunst GmbH und lebt in der Nähe von Bonn. Erste Erfahrungen mit der Fotografie machte er bereits während seiner Gymnasialzeit in der „Foto-AG“ und im Laufe der Jahre wurde dann ein Hobby daraus, egal ob Makro-, Architektur-, Tier- oder Landschaftsfotografie. 1999 bereiste er mit seiner Familie Namibia und war fasziniert von dieser vielfältigen Landschaft und Natur. In Okonjima besuchten sie eine Gepardenfarm, in der verletzte und in Gefangenschaft geratene Geparden versorgt und auf ihre Freilassung vorbereitet wurden.

Bildnachweise:
31 u., 136-137, 139 r. u., 140 l. u., 143 l. o., 152, 153 u., 167 o., 167 u., 178-179, Schuber Cover l. u.

2007 unternahm er mit seiner Frau eine Rundreise. Ausgehend von Windhoek führte die Route sie über das Okavango-Delta und den Chobe Nationalpark bis hin zu den Victoria-Fällen in Simbabwe. Über den Caprivi-Zipfel kehrten sie zurück nach Windhoek.

Als Andreas Klotz ihm von seinem Projekt „Afrikas Süden“ erzählte, begeisterte ihn sowohl die Idee, eigene Fotografien in einem hochwertigen Bildband zeigen zu können als auch das damit verbundene Projekt zum Schutz der Geparden zu unterstützen. Zur Zeit fotografiert Norman Schäfer mit einer Olympus PEN 2.

Peter Scheufler

Peter Scheufler, geb. am 12.08.1958 in Esslingen/a.N., seit 1972 begeisterter Sporttaucher und Naturliebhaber, begann nach dem Abitur 1977 mit dem Physikstudium, das er 1983 mit dem Diplom beendete. Während des Studiums befasste er sich intensiv mit elektronischer Messtechnik und Fotographie. 1984 machte er sich selbstständig und entwickelte mikroprozessorgesteuerte Mess-Regel- und Steuersysteme. Daraus entstand 1990 die LeuTek GmbH, die er von einem kleinen Start-up bis zu einem erfolgreichen mittelständischen Betrieb mit ca. 50 Mitarbeitern entwickelte.

Bildnachweise:
2-3, 9 o., 30 o., 138 r. o., 141 l. o., 141 r. u., 142 u., 143 r. u., 144 o., 145 o., 145 l. u.,145 r. u., 146 l. u., 146 r. o., 147 r. o., 147 u., 148, 149, 150-151, 154-155, 159 r. o., 160-161, 162 o., 162 u., 163 o., 163 u., 164-165, 166 o., 166 u., 208, Schuber Cover r. u., Schuber Rückseite m.

Mit der Fotografie begann er 1978 mit einer Pentax SLR und eigener Dunkelkammer. Nach vielen Jahren mit Dias vollzog er frühzeitig den Übergang zur Digitalfotografie. Heute arbeitet er mit Canon EOS 5D und 5D Mark II. Bei einer Motorrad-Tour 2005 durch Namibia entdeckten er und seine langjährige Lebensgefährtin Susanne Steingrobe ihre Liebe zu Afrika und sie waren seitdem 7-mal im südlichen Afrika unterwegs, wo sie neben Tausenden eindrucksvollen Fotos auch viele Stunden Videoaufnahmen produzierten. Ihre Vorliebe gilt den Katzen, insbesondere den gefährdeten Geparden, für deren Erhalt sie sich auch mit ihrer Stiftung (www.mayer-und-scheufler-stiftung.de) engagieren.

Thomas Weinhold,

geb. am 29.01.1972 in Forst/Lausitz, ist in Brandenburg (ehemals Bezirk Frankfurt/Oder) aufgewachsen, studierte in Berlin 5 Jahre Angewandte Informatik, wohnt seit 1998 in Köln und arbeitet seit 8 Jahren in Düsseldorf. In frühester Kindheit begann er sich bereits für die Fotografie zu interessieren, die erste Spiegelreflexkamera (EXA 1c) gab es dann im Alter von 14 Jahren. Die Negative und Schwarz-Weiß-Abzüge wurden größtenteils selbst entwickelt. In der Schul-AG erweiterte er seine Kenntnisse hauptsächlich auf dem Gebiet der Landschaftsfotografie.

Bildnachweise:
17, 38 u., 43 r. o., 57 u., 59 o., 64, 79 o., 79 u., 81, 86-87, 201

Glücklich über die Einführung der digitalen Spiegelreflexkameras, die Geburt seines Sohnes Luca stand kurz vor der Tür, wurde die analoge Canon EOS 300 im Mai 2003 durch eine EOS 10D ersetzt. Das eröffnete Möglichkeiten, bei seinen Reisen ins südliche Afrika, der Fotografie ein noch größeres Gewicht zukommen zu lassen. Nach mehreren Reisen nach Namibia in den Jahren 2000, 2002 und 2008, in denen die Fotografie hauptsächlich als Reisereportage Bedeutung fand, erfüllte sich mit Claus Brandt von Fotocampus 2009 in Südafrika sein Traum, einen „Urlaub" ganz im Zeichen der Tierfotografie zu machen. Einige seiner besten Fotografien sind in diesem Bildband veröffentlicht.

Dr. Markus Wenke und Conny Teucher

Dr. Markus Wenke, geb. 1968 in Münster/Westf., arbeitet als Geschäftsführer eines medizintechnischen Unternehmens in Innsbruck.

Conny Teucher, geb. 1976, wuchs in Beierfeld auf und verbrachte einen Großteil ihres Lebens in Freiburg/Brsg. Heute leben beide zusammen in München.

Bildnachweise:
16, 39 u., 48-49, 49 o., 49 m., 49 u., 50-51, 100 l. o., 110-111, 114 o., 115 r. m., 129, 153 o., Schuber Rückseite o.

Die Liebe zum afrikanischen Kontinent entdeckten sie auf einer Dienstreise nach Südafrika mit anschließendem Safariurlaub in Botswana. Es folgten zahlreiche weitere Besuche des östlichen und südlichen Afrika. Kapstadt ist ihnen inzwischen zur zweiten Heimat geworden und sie nutzen jede Gelegenheit, mit oder ohne Kamera, den afrikanischen Kontinent zu bereisen. Die Leidenschaft für die Fotografie wurde bereits früh durch Vater bzw. Großvater, beide leidenschaftliche Fotografen, geweckt. Heute verwenden sie eine Nikon-Ausrüstung – mit dem ständigen und teuren Wunsch der Erweiterung. Durch den Kontakt zum Cheetah Conservation Fund in Namibia entstand die Idee, an dieser Fotografenedition mitzuarbeiten und so die Schönheit und Diversität des afrikanischen Kontinents einem größeren Publikum nahezubringen.

Johann S. Werkstetter

Johann S. Werkstetter, Jahrgang 1956, ist im idyllischen Wolfratshausen in Oberbayern aufgewachsen und lebt seit seinem Studium der Augenoptik in München als selbständiger Augenoptiker mit seiner Familie in Dortmund. In seiner Münchner Zeit mündete der künstlerische Ausdruck in Auftritten auf Kleinkunstbühnen als Mundartdichter.

Seit einer Islandreise 1982 ist er begeisterter Fotograf. Wenn es die knappe Zeit neben dem Beruf mit zahlreichen Fachveröffentlichungen/-vorträgen erlaubt, versucht er auf Reisen mit seiner Frau unvergessliche Eindrücke zu sammeln, die über das Abfotografieren üblicher Touristenhighlights hinausgehen. Sein berufliches Motto „Fast alles, was wir wissen, kam durch die Augen in den Kopf" schlägt sich auch in der Fotografie nieder. Seine besondere Reiseleidenschaft gilt der Wüste – zuletzt der Namib 2008.

Bildnachweise:
99 o., 100 l. m., 100 l. u., 104 l. m., 106 l. o., 108 u., 109 r. u., 112, 114 u., 115 l. m., 115 l. o., 115 r. o., 126-127

Britta Wulfekammer,

geb. 1969 in Mettingen/Westf., ist Diplom-Kauffrau und arbeitet im internationalen Marketing. Seit 2008 lebt sie in Schweden.

Auf zahlreichen Auslandsreisen entdeckte sie schon als Jugendliche ihre Leidenschaft für das Fotografieren. Später konnte sie im Rahmen ihrer Marketingtätigkeit professionelle Fotografen bei Fotoshootings begleiten. Dies erweckte den Wunsch, sich intensiver mit der Fotografie zu beschäftigen.

Seit dem Kindesalter ist sie begeisterte Reiterin und eng mit der Natur verbunden. Ihre Leidenschaft für Tiere und Natur, verbunden mit der Neugier für fremde Kulturen, bilden die Basis ihrer Motivwahl. Die Faszination für Afrika entstand 2005 auf einer Malawireise. 2009 bereiste sie auf einer dreiwöchigen Safaritour Nationalparks in Botswana und Südafrika.

Einige ihrer Bilder wurden in Wettbewerben prämiert und in verschiedenen Publikationen veröffentlicht (z. B. NaturFoto). Im August 2010 stellte Sie erstmalig zum Thema „Wildlife in Africa" aus.

www.wulfekammer.com

Bildnachweise:
12-13, 18-19, 18 u., 19 u., 20, 24 u., 27, 32-33, 34-35, 36 u., 41 u., 41 o., 45 r. u., 54 o., 54 u., 56 o., 59 u., 60 o., 60 u., 71 o., 72-73, 89 o., Schuber Rückseite u.

Unterwegs für die Leidenschaft

Kaum eine Region unserer Erde bietet Natur- und Reisefotografen eine derartige Vielfalt an Motiven wie das südliche Afrika. Nicht umsonst heißt es, in Südafrika findet man die „Welt in einem Land“. Hier sind die Big Five zu Hause, hier leben verschiedenste Völker unter oft lebensfeindlichen Bedingungen, hier findet man endlose, weite Landschaften eingetaucht in schillernde Farbtöne bei fantastischem Licht: Hier kommt jeder Fotograf voll auf seine Kosten.

Der sandige Weg zum guten Bild

Dennoch: Ein außergewöhnliches Bild erfordert auch im südlichen Afrika neben fotografischem Talent und einer Portion Glück vor allem eines: Ausdauer und Ehrgeiz!

Für jedes der fantastischen Bilder in diesem Buch haben alle Fotografen die Widrigkeiten einer Afrika-Reise erfolgreich gemeistert:

Kalte Nächte oder heiße Tage brachten den Kreislauf durcheinander. Auf staubigen Sandpisten wurde um die Ausrüstung gebangt. Und der ein oder andere hatte sicherlich auch Sorge, die Akkus der vielen elektronischen Geräte mangels Stromversorgung wieder aufzuladen.

Falls Sie demnächst am Flughafen einen Reisenden treffen, der beim Check-in mit der Hostess diskutiert, weil sein (viel zu schweres!) Handgepäck unmöglich eingecheckt werden kann: Es könnte einer der Fotografen dieses Bildbandes sein, der um seine wertvolle Ausrüstung bangt.

Jäger und Sammler

Einmal auf dem Schwarzen Kontinent angekommen, geht es auch gleich los – die Jagd nach dem guten Bild beginnt. Im Wettbewerb mit Tausenden anderen Reisenden, die auch mit der Kamera ihre Erlebnisse festhalten. Von der Kompaktkamera bis zum 24-Megapixel-Boliden sind alle Kamera-Sparten vertreten. Ebenso breitgefächert sind die Talente hinter der Kamera. Die Ansprüche an das Bild-Ergebnis sind zum Glück unterschiedlich, sodass sich jeder an „seinem“ Afrika-Foto erfreuen kann.

Die Spreu vom Weizen getrennt

Für den vor Ihnen liegenden Bildband haben wir dabei geholfen, die Guten unter den Hobbyfotografen zu finden. Einige von ihnen sind bereits seit vielen Jahren regelmäßig mit uns unterwegs – auf den Pisten Afrikas und auch auf anderen Kontinenten.

Besonders spannend war die Auswahl des eingereichten Bildmaterials: Viele Szenen haben wir wiedererkannt. Andere, uns unbekannte Motive haben neugierig gemacht, neue Regionen zu entdecken.

Unser Fazit: Alle Fotografen dieses Buches haben es redlich verdient, ihre Top-Fotos einer breiten Öffentlichkeit zugänglich zu machen. Zu diesem Erfolg herzlichen Glückwunsch!

Claus Brandt MBA
Tierfotograf
Inhaber FOTOCAMPUS

Über FOTOCAMPUS

Anspruchsvollen Hobbyfotografen bietet der FOTOCAMPUS ein umfangreiches Angebot an Weiterbildung. Die Themengebiete erstrecken sich über alle Sparten der Naturfotografie und berücksichtigen die Vorkenntnisse der Teilnehmer.

Speziell auf Fotografen ausgerichtete Reisen in Europa, Afrika und Nordamerika ergänzen das Angebot. Highlight des Fotoreise-Programms ist eine 10-tägige Fotosafari in ein privates Naturreservat in der Nähe des Kruger Nationalpark in Südafrika mit einmaligen Portrait-Möglichkeiten der Big Five.

Weitere Informationen zum FOTOCAMPUS-Programm finden Sie im Internet unter *www.fotocampus.de.*

FOTOCAMPUS
CLAUS BRANDT

AGA

Aktionsgemeinschaft Artenschutz e.V.

Weltweit im Einsatz für bedrohte Arten – denn Aussterben ist endgültig

Die Aktionsgemeinschaft Artenschutz (AGA) e.V. ging aus der 1981 initiierten „Aktion Rettung der Schildkröten“ hervor, in der sich Privatpersonen gegen das grausame Abschlachten der Meeresschildkröten eingesetzt haben. 1986 wurde die AGA als Verein gegründet, denn das Engagement ist seit dem ersten Einsatz ungebrochen und nicht mehr „nur“ auf die Rettung der Meeresschildkröten beschränkt. Auch heute noch zeichnet die AGA ihr unermüdlicher Einsatz für den Schutz bedrohter Arten aus.

Nach wie vor setzt sich die AGA für den Schutz der vom Aussterben bedrohten Meeresschildkröten ein, beispielsweise durch den Schutz ihrer Niststrände und dem Einsatz von Wildhütern während der Nistsaison. Um effektive Schutzmaßnahmen entwickeln zu können, führt die AGA auch Grundlagenforschung durch. So werden z. B. Meeresschildkröten bei der Eiablage markiert, um ihr Verbreitungsgebiet zu erkunden. Nur so können sie auch dort wirksam geschützt werden.

Foto: AGA

Foto: KFZO

Um ihre Projekte effektiv durchführen zu können, arbeitet die AGA weltweit mit kompetenten, lokalen Partnerorganisationen zusammen. Dank dieser engen und guten Zusammenarbeit können Artenschutzprojekte direkt und nachhaltig umgesetzt werden.

Unterstützt wird die AGA durch Spenden und Beiträge der Förderer sowie tatkräftigen ehrenamtlichen Helfern. Nur dank dieser Hilfe können Artenschutzprojekte effektiv und erfolgreich umgesetzt werden. Bitte unterstützen auch Sie die wichtige Arbeit der AGA zum Schutz bedrohter Arten, denn Artenschutz geht uns alle an.

Tiernotrettung und Lebensraumschutz

Immer häufiger bedrohen auch Waldbrände, die zum Teil von Menschen gelegt werden, das Überleben bedrohter Arten. Solche Brandkatastrophen erfordern unkomplizierte, schnelle Hilfe. Die AGA stellt bei Bedarf Soforthilfe zur Tiernotrettung zur Verfügung und sorgt für die Versorgung der geretteten Opfer, bis die Tiere wieder ausgewildert werden können.

Die AGA setzt sich zudem durch Ausweisung von Schutzgebieten und beispielsweise Baumpflanzaktionen für den Erhalt des Lebensraums bedrohter Arten ein.

Foto: CCF

Herdenschutzhunde im Einsatz für den Gepardenschutz.

Foto: CCF

Geparde wie Sandy vom CCF sind auf Paten angewiesen.

Hunde helfen Geparde schützen

Oft stellt die Lösung des vorherrschenden Mensch-Wildtier-Konflikts einen wichtigen Teil der Projektarbeit im Artenschutz dar. So auch in Namibia, der Heimat der größten noch verbliebenen Gepardenpopulation weltweit. Die meisten Geparde leben außerhalb geschützter Reservate auf zur Viehhaltung genutztem Farmland. Dort gibt es natürliche Beute im Überfluss. Allerdings sehen die Farmer in den Geparden eine Bedrohung ihrer Viehherden. Sie jagen die Geparde. Sie stellen Fallen auf und töten sie. Wissenschaftliche Studien belegen jedoch, dass der Verlust von Nutzvieh durch Raubtiere minimal ist. Die Geparde ernähren sich hauptsächlich von Wildtieren.

Zusammen mit dem Cheetah Conservation Fund (CCF) setzt sich die AGA für den Schutz der letzten Geparde in freier Wildbahn ein. Dr. Laurie Marker, Gründerin des CCF, hat auf dem Gebiet des Gepardenschutzes wahre Pionierarbeit geleistet. Durch den Einsatz von Herdenschutzhunden und einem Angebot an Workshops für Farmer und Studenten können die engagierten Artenschützer erfolgreich die Akzeptanz für ein Zusammenleben mit Geparden erhöhen. Der anhaltende Mensch-Wildtier-Konflikt kann so auf Dauer gelöst werden. Außerdem versorgt der CCF in seiner Tierklinik verletzte und von Farmern gefangene Geparde und verwaiste Jungtiere. Können die Tiere später nicht wieder ausgewildert werden, finden sie beim CCF ein neues Zuhause. So erging es auch Sandy, die im Alter von 4 Wochen mit ihren Brüdern beim CCF aufgenommen wurde, da ihre Mutter auf einer Farm erschossen wurde. Sandy lebt nun in Gesellschaft weiterer Geparden in einem weitläufigen Gehege am Besucherzentrum des CCF in Otjiwarongo. Für Sandy und weitere Geparde sowie für die Aufzucht der Herdenschutzhunde vergibt die AGA Patenschaften. Bitte unterstützen Sie diese wichtige Arbeit und werden Sie Pate eines Geparden. Als Pate leisten Sie einen wertvollen Beitrag zum Schutz dieser faszinierenden Katzen. Informationen finden Sie auf der Internetseite der AGA unter www.aga-international.de im Bereich „Spenden & Helfen".

Mehr über die Projekte der AGA erfahren Sie unter:
Aktionsgemeinschaft Artenschutz (AGA) e.V.
Tulpenstraße 1 · 70825 Korntal-Münchingen
Telefon: 07150-922210
E-Mail: buero@aga-international.de
Internet: www.aga-international.de

Spendenkonto:
Kreissparkasse Ludwigsburg, BLZ 604 500 50
Konto-Nr. 99 12 900
Spendenstichwort: Afrikas Süden

Weitere Informationen zu Klima-, Natur- und Artenschutz

Die eindrucksvollen Bilder und Informationen zur Vielfalt der Länder des südlichen Afrika unterstreichen, wie wichtig der Erhalt der Schönheit der Natur und der Artenvielfalt ist. Insbesondere die Länder des südlichen Afrika benötigen Unterstützung, da sie zu den ärmsten Ländern der Welt gehören und oftmals keine Möglichkeit haben, Umweltschutz aus eigener Kraft umzusetzen. Durch den Kauf dieses Bildbandes haben Sie bereits einen Beitrag zum Artenschutz geleistet. Ein fester Umsatzbestandteil wird direkt an die AGA (Aktionsgemeinschaft Artenschutz e. V.) weitergeleitet, die mit dieser Spende in Namibia ein Projekt zum Schutz von Geparden unterstützt. Es gibt weitere, sehr gute Möglichkeiten, sich über Klima-, Natur- und Artenschutz zu informieren, die einheimische Bevölkerung zu unterstützen sowie Tier- und Pflanzenarten zu schützen. Die nachfolgende Linksammlung bietet Ihnen einen Überblick über engagierte Organisationen, die einen wertvollen Beitrag leisten.

Interessante Links

www.mondberge.com Informationsportal und Shop für den Klima-, Natur- und Artenschutz. Sie finden hier aktuelle News-Meldungen, Linksammlungen, Artikel, einen kostenlosen Newsletter und viele Bildergalerien.

www.berggorilla.de Für die Berggorilla & Regenwald Direkthilfe bedeutet Naturschutz nicht nur, die natürlichen Lebensräume zu bewahren, sondern auch, darauf hinzuarbeiten, dass die einheimische Bevölkerung Schutzprojekte akzeptiert, sie aktiv unterstützt und von ihnen profitiert.

www.aga-international.de Die gemeinnützige Natur- und Artenschutzorganisation setzt sich für den Erhalt von bedrohten Tier- und Pflanzenarten und deren Lebensräumen ein.

www.wwf.de Der World Wide Fund For Nature (WWF) ist eine der größten und erfahrensten Naturschutzorganisationen der Welt und in mehr als 100 Ländern aktiv.

www.prowildlife.de Verein zum Schutz von Wildtieren und ihren Lebensräumen – weltweit.

www.unep.org Das Umweltprogramm der Vereinten Nationen verfolgt das Ziel, Länder und deren Bewohner in die Lage zu versetzen, die eigene Lebensqualität zu verbessern, ohne die der nachfolgenden Generationen zu gefährden.

www.zgf.de Die Zoologische Gesellschaft Frankfurt von 1858 e.V. (ZGF) ist eine international agierende Naturschutzorganisation mit Sitz in Frankfurt. Ihr Arbeitsschwerpunkt liegt in Ostafrika, zurückgehend auf die Aktivitäten von Professor Dr. Bernhard Grzimek, dem langjährigen Präsidenten der ZGF.